Blumen bar

Das Buch
Legendär sind die Star-Interviews von Tom Kummer, die seit den frühen neunziger Jahren von zahlreichen Magazinen veröffentlicht wurden. »Die Leute wurden süchtig nach meinem Stoff«, sagt Tom Kummer. Und er erzählt erstmals, was wirklich in ihm vorging.

Blow Up ist mehr als die Aufarbeitung eines Skandals um gefälschte Interviews. Es ist die Geschichte eines Grenzgängers, der sich auf die Suche nach dem MEHR im Leben begibt. Sie handelt von einer Jugend in einfachen Verhältnissen. Vom tragikomischen Scheitern als Tennisprofi. Vom Neuanfang als junger Wilder in Berlin. Von den Abenteuern als Reporter bei Tempo. Und von der ruhmreichen wie abgründigen Zeit als Star-Interviewer in Hollywood.

Tom Kummer polarisiert. Für die einen ist er ein genialer Konzeptkünstler, andere halten ihn für einen Hochstapler. Wie man auch zu ihm stehen mag: Seine Memoiren sind ein Spiegel unserer Zeit. In der Tradition des Gonzo-Journalismus eines Hunter S. Thompson beschreibt *Blow Up* eine Gesellschaft, in der sich Lüge und Wahrheit zum Verwechseln ähnlich sehen.

Der Autor
Tom Kummer, 1963 in Bern geboren, war Tennisprofi, ehe er eine Laufbahn als Reporter einschlug. Erste journalistische Arbeiten lieferte er für Transatlantik und Tempo. Ab 1993 war er in Los Angeles als freier Mitarbeiter vor allem für das Magazin der Süddeutschen Zeitung und für das Magazin des Schweizer Tagesanzeigers tätig. Im Mai 2000 wurde durch einen Artikel in der Zeitschrift Focus bekannt, dass zahlreiche seiner Star-Interviews erfunden waren. Unter dem Schlagwort *Borderline-Journalismus* wurde der Fall zu einem der größten Medienskandale der letzten Jahre. Die damaligen Chefredakteure des SZ-Magazins, Christian Kämmerling und Dr. Ulf Poschardt, verloren ihren Posten. Tom Kummer lebt heute mit seiner Frau Nina und seinen beiden Söhnen Henry und Jack in Los Angeles. Er arbeitet als Paddle-Tennis-Trainer im exklusiven Jonathan Club.

Tom Kummer

Blow up

Blumenbar Verlag

Für Henry und Jack

Jahrmarkt der Eitelkeit

Bevor ich die Garderobe verlasse und mein Arbeitstag beginnt, schaue ich in den Spiegel. Eigentlich sehe ich wie ein ganz netter Typ aus. An guten Tagen vielleicht wie Johnny Depp, an schlechten wie Jack Black. Nun, das ist wirklich bloß ein angeberischer Scherz. Ich bin Tomás, der beliebte brasilianische Trainer des Jonathan Club. Mein Ruf ist ausgezeichnet. Ich streiche über meine Wimpern, meine Koteletten, meine Augen. Man kann sich so lange im Spiegel ansehen, wie man will: Das Gesicht verändert sich nicht. Das hier ist die Hülle, mit der man den Rest seines Lebens verbringen wird.

Wo aber fängt der Körper an? Beim Gesicht, bei Haut und Haaren? Bei den Knochen? Den Organen? Bei der Zelle, der DNS – oder doch bei der Seele? Es gab eine Zeit, da wusste ich, wie man große Fragen stellt. Und wie man sich schöne Dinge ausdenkt, die andere für die Wahrheit halten.

Jeden Morgen stehen neben mir vor der Spiegelfront: Jack, Mike und Josh. Es sind Clubmitglieder, die sich rasieren, kämmen oder ihre Gesichtshaut inspizieren. Sie stehen nackt oder mit einem um die Hüften gebundenen Frottiertuch in einer Wasserpfütze herum. Morgens sind sie den Strand entlang gerannt, sind im Pool Dutzende von Bahnen geschwommen oder haben am Stairmaster einige hundert Kalorien verbrannt. Jetzt sind sie frisch geduscht und geben sich vor dem Panoramaspiegel den letzten Schliff.

Direkt vor mir befinden sich Fläschchen mit Rasierwasser und Haarwasser, Hautcremes, Lotionen, Becher mit Rasierklingen und Wattestäbchen. Alle Produkte tragen das Emblem des Jonathan Club. Ich lockere mein weißes Lacoste-Hemd an den Schultern, verziehe den Mund zu einer Grimasse und fahre mit der Hand durch meine aufgehellten Locken. In meinem Gesicht verreibe ich Sonnenöl mit Lichtschutzfaktor 65, verteile es sorgfältig auch auf Arme und Beine.

Und direkt neben mir also Jack, Mike und Josh, die mich gerade anlächeln. Jack kauft und verkauft Erdöl. Mike ist Immobilienmakler, seine Firma hat halb Costa Rica in einen Erlebnispark verwandelt. Josh Morrow spielt seit dreizehn Jahren eine der Hauptrollen in der CBS-Seifenoper *The Young and the Restless.* Wichtig für diese Männer ist, dass es ihnen gleichzeitig immer auch um was anderes geht. Jack ist nicht nur auf Erdöl scharf, sondern auch aufs Filmgeschäft. Mike sammelt nicht nur Ländereien, sondern plant als Nächstes, eine Software-Firma zu gründen. Josh, der Schauspieler, will sich auch als Pokerspieler und Vorsitzender diverser gemeinnütziger Vereine profilieren. Was diese Leute auszeichnet, ist ihr unbedingter Wille zur Macht. Und sie wissen genau, was Macht bedeutet: diese so weit wie möglich auszudehnen. Immer bis kurz vor den Punkt, an dem es dich zerreißt.

Diese drei Herren wohnen mit ihren Familien in den Pacific Palisades. Den Tag beginnen sie meistens hier im Club, fahren dann über den Santa Monica Freeway Richtung Osten und verdienen sagenhaft viel Geld.

Jeder hat sein festes Ritual. Jack schneidet sich Haare aus den Nasenlöchern. Mike putzt sich die Ohren sauber. Josh rasiert sich und lässt seinen Blick zum Fernsehmonitor schweifen. Es ist 7 Uhr 55. Auf Channel 7 läuft gerade ein Bericht über einen Brand im Malibu Canyon.

Uns Angestellte hat eigentlich weder die Körperpflege noch der gesellschaftliche Status von Clubmitgliedern zu interessieren. Aber meine Position ist nicht vergleichbar mit den Gärtnern, den Köchen, den Managern oder den Jungs vom Valet-Parking-Dienst. Der Trainer des Jonathan Club spielt eine besondere Rolle. Er ist so etwas wie der gute Onkel. Und deshalb auch berechtigt, mit Clubmitgliedern nackt vor einer luxuriös verzierten Spiegelwand zu stehen, um gemeinsam nachzusehen, ob alles in Ordnung ist.

So bin ich nach sechs Jahren weit besser über die Politik des Jonathan Club informiert als jedes gewöhnliche Mitglied. Wenn es um den Ruf einzelner Personen geht, bin ich mindestens so mächtig wie, sagen wir mal, die New

York Post. Jeder weiß, dass der Trainer ein Meinungsmacher ist, eine Art vierte Macht im Club. Ich erfahre so manches. Ich bin einer der Ersten, der Stimmungen auffängt, und natürlich bin ich diskret und diplomatisch. Ich lasse mich nicht kaufen. Ich will kein Aufsehen erregen, sondern meine Bälle schlagen. Niemand will es sich mit mir verderben. Ich bin TOMÁS, THE COACH.

Ich trete näher an die Spiegelfront heran. Jack schaut mir in die Augen und fragt mich mit gespieltem Ernst, ob ich *ready* sei für einen weiteren schrecklichen Tag im Büro. Er will mir ironisch schmeicheln, was ich ihm nicht übel nehme. Es amüsiert ihn, dass mein Büro nichts anderes ist als ein Tennisplatz am Strand von Santa Monica – während sich sein eigenes im obersten Stockwerk des Arco Towers in Downtown befindet. Er ist Vorsitzender des Verwaltungsrats des größten Ölkonzerns Kaliforniens und will mir einfach nur sagen: dass ich glücklich sein solle mit meinem Leben unter der Sonne. Denn ganz oben, wo er ist, sei das Leben die Hölle. Er grinst, ich lächle. So funktioniert das hier. Ich betrachte mich noch einmal eingehend, bevor es losgeht, studiere Flecken auf der Haut. Meine Zähne sind strahlend weiß.

Einige Mitglieder wissen, dass ich in Wirklichkeit Schweizer bin. Den anderen ist meine Herkunft egal, und das kann mir nur recht sein. Für sie gibt es auch keinen Unterschied zwischen mexikanischen oder guatemaltekischen Gärtnern, es sind einfach Latinos oder Illegale. Mich wiederum erklären sie der Einfachheit halber zum Südamerikaner oder gar zum Brasilianer.

Ich schaue noch einmal prüfend in den Spiegel. Was macht mich aus? Sind es meine Lippen? Die von der Sonne aufgehellten Locken? Die braun gebrannte Haut? Die Zähne? Der exotische Klang meines Akzents?

Noch fünf Minuten bis zur ersten Lektion. Schon seit Jahren ziehe ich mir ein Tennishemd mit dem Brustemblem JC und einer Möwe namens Jonathan über. Das Hemd trage ich sechs Stunden und länger. Ich sehe darin nicht übel aus, aber auch ein bisschen lächerlich.

Zugegeben, ich lasse mich schnell verunsichern. Gerade eben war ich noch absolut von meinem Erscheinungsbild überzeugt. Jetzt schießt mir der Gedanke durch den Kopf, dass ich heute noch Gelegenheit haben werde, den mächtigsten Agenten Hollywoods einfach umzunieten. Schreckliche Phantasien in diesen heiligen Hallen der vermeintlich Unantastbaren.

Ich trage den Ballkorb aus der Garderobe hoch in den zweiten Stock und laufe am Schrein für Ronald Reagan vorbei, dem bedeutendsten Clubmitglied der letzten vierzig Jahre. Der kalifornische Geldadel ist noch heute dominierend. Banker und Immobilienhändler. Altes Geld.

Der Club ist eine Hochburg reicher konservativer Protestantenfamilien, der WASPs oder *White Anglo-Saxon Protestants*. Bis Ende der siebziger Jahre wurden Menschen mit liberaler Gesinnung – Leute aus Hollywood oder jüdische Intellektuelle – nicht aufgenommen. Wer demokratisch wählte, hatte hier nichts verloren. Doch seit der Club Anfang der Achtziger in eine Finanzkrise geriet, wurden die Aufnahmekriterien gelockert. Seither sind auch Julia Roberts, Tom Cruise, Cameron Diaz, Superagenten der Talentagenturen, Regisseure, Soundingenieure oder Plattenproduzenten willkommen. Unter den knapp viertausend Mitgliedern befinden sich inzwischen fünf Schwarze, 32 Latinos und 87 Asiaten. Die Aufnahmegebühr beträgt 30 000 Dollar, die jährliche Clubgebühr mindestens 4200 Dollar.

Schon immer verkörperte der Jonathan Club einen Staat im Staat. Eine Geheimgesellschaft, in der sich die mächtigen Kreise von Los Angeles aus den eigenen Reihen rekrutieren. So haben sich die Reichen ein kleines diskretes Idyll am Pacific Coast Highway geschaffen, wo selbst Owen Wilson oder Gwyneth Paltrow in Ruhe gelassen werden. Keiner würde hier nach einem Autogramm fragen. Hier kommt man her, wenn Malibu brennt oder ein Terroranschlag droht. Hier lässt man alles andere zurück und schlägt Bälle mit Tomás, dem brasilianischen Trainer.

Ein Blick auf meine Armbanduhr, es ist kurz nach 11 Uhr. Die vierte Stunde. Ein silbrig-grauer Smog umhüllt die Santa Monica Mountains.

Seit drei Stunden habe ich gelbe Tennisbälle geschlagen und das Feuer über Malibu beobachtet.

Ich kann von hier aus alles gut erkennen. Das Feuer befindet sich rund fünf Meilen vom Club entfernt. Ein trockener Herbstmorgen, ideales Brandwetter. Die Hänge sind üppig bewachsen, eine ausgedörrte, leicht entflammbare Vegetation. Das Licht ist wie immer unbesiegbar, alles glüht: die billig wirkende Sonne, die gelben Tennisbälle, das Feuer am Horizont.

Mexikanische Arbeiter leeren gerade die Abfalleimer, füllen Wassercontainer, Pappbecherrohre, wässern Blumen, schrubben den Boden sauber, führen Laubsauger spazieren. Sonst herrscht Stille, die nur unterbrochen wird vom monotonen Ploppen meiner Bälle.

Seit sechs Jahren schlage ich täglich ungefähr sechstausend gelbe Bälle. Manchmal, wenn eine Mischung aus Schweiß und Öl in den Augen brennt, sind die gelben Bälle wie kleine Sonnen. Es gibt dann eine richtige und eine falsche Sonne, die ich anstarre. Die Sonne stirbt nie, denke ich. Aber ich weiß, dass das eine Lüge ist.

Es ist jetzt Jim Wiatt, mit dem ich Bälle hin und her schlage. Ja, *der* Jim Wiatt. Der mächtigste Agent Hollywoods. Auf der Liste der Leute, die er schon vertreten hat, stehen: Bruce Willis, Johnny Depp, Courtney Love, Brad Pitt, David Letterman, Heidi Klum, Sylvester Stallone, Richard Ford, Ron Howard, Gwyneth Paltrow.

Wir üben Rückhand. Jim schlägt eine schreckliche Rückhand. Manchmal sausen die Bälle wie Geschosse auf mich zu, weit über die Linie hinaus. Ich weiche aus oder versuche, den wild gedroschenen Ball irgendwie unter Kontrolle zu bekommen, dem Spiel wieder ein wenig Würde zu geben und schlage den Ball wohl dosiert und zuckerwatteweich in seine Hälfte.

Klienten wie Jim Wiatt wollen von mir einmal wöchentlich körperlich gefordert werden. Nicht zu hart, nicht zu streng, aber gefordert. Einfach leer werden, abschalten, entspannen. Jim und ich spielen seit vier Jahren, jeden Samstag zwischen elf und zwölf. Heute aber ist irgendwas anders. Ich muss gerade an ein Buch denken: *Sharon Stone*, erschienen bei Schirmer & Mosel. Ein Fotobuch, das auf dem internationalen Markt und natürlich auch in Los Angeles erhältlich ist und für das ich ein längeres Vorwort geschrieben habe. Es ist der gleiche Text, der Mitte der Neunziger als Titelgeschichte beim SZ-Magazin herauskam. Später auch in der Vogue in Italien, in der Pariser Libération, der Londoner Times, der New Dehli Times, dem Zürcher Tagesanzeiger und in anderen Blättern.

Ob er das Buch kennt? Ob er weiß, dass dieser Autor, Tom Kummer, in einer Verbindung zu mir steht? Hat er längst herausgefunden, dass sein Trainer Tomás gar kein Brasilianer, sondern ein böser, böser Junge ist? *The Bad Guy of German Journalism*, wie es in der New York Times im Frühjahr 2000 hieß? Hat er längst von seinem Freund Graydon Carter, dem Chefredakteur der amerikanischen Vanity Fair, erfahren, dass ich mit erfundenen Interviews einen Medienskandal ausgelöst hatte?

Ich unterhalte mich mit Jim selten über Dinge, die über clubinterne Angelegenheiten oder sportliche Fragen hinausgehen. Einmal, vor vier Jahren, als er Russell Crowe von CAA zu William Morris geholt hat, kamen wir darauf zu sprechen, dass in Amerika Massenmörder, Hochstapler, Killer aller Couleur schon immer Stars waren. Dass Amerika in Vielem, was es hervorbringt, Gewalt kultiviert. Bei solchen Gesprächen muss ich aufpassen, nicht ins Moralische oder Politische abzuschweifen. Ich will meine Herkunft nicht offenbaren. Ich bin der Trainer. Das ist alles. Ich will niemanden davon überzeugen, dass ich Amerika für ein reißendes Ungeheuer halte. Nachdem ich aber hier nun schon seit dreizehn Jahren lebe und meine Söhne einen amerikanischen Pass besitzen, reizt es mich manchmal, mich einfach vor einem meiner Klienten breitbeinig aufzustellen und es laut herauszubrüllen: dass Amerika ein kriecherischer, korrupter Feigling ist, unfähig, sich ohne Gewalt zu behaupten. Kann man sich eine solche Szene vorstellen? Lächerlich.

Ich rufe *Collect!*, und schon habe ich wieder die totale Kontrolle. Jim Wiatt sammelt Bälle ein. Ich presse meinen Ballkorb auf die gelben Bälle, so dass sie stecken bleiben. Ich mache ein bisschen auf Small Talk, füttere Jim mit ungefährlichen Gerüchten aus dem Clubleben. Jim lächelt, schiebt die Bälle in die nächstliegende Ecke. Je intensiver ich nachdenke, desto mehr bin ich davon überzeugt, dass er es irgendwie auf mich abgesehen hat.

Ist der Korb gefüllt, fordere ich meinen Schüler wieder.

Gibt es etwas Besseres als dieses monotone Ploppen beim Schlagen der Bälle? Plop, plop. Ich schlage mit einem zwanzig Zentimeter langen Fieberglasgerät Tennisbälle über einen verkleinerten Tennisplatz im ältesten Privatclub Kaliforniens. Und dabei wird, mit jedem Schlag, mein Hirn leerer. Ich will nicht behaupten, dass man erst in der geistigen Entleerung wirklich Glück findet. Doch das bisschen emotionale Reife, das ich heute habe, verdanke ich meiner Ansicht nach diesem kleinen Ballspiel, das sonst nur ein paar Freaks auf staubigen Plätzen in Venice Beach spielen. Dort habe ich es entdeckt, diese Mischung aus Squash und Tennis, die sie hier *Paddle Tennis* nennen – der ultimative Sport der Eliteclubs am Strand von Los Angeles. Als ich es zum ersten Mal ausprobiert habe, wusste ich sofort, dass es die Welt des Ballsports revolutionieren würde. Heute spielen es auch: Sean Penn, Joaquin Phoenix, Heath Ledger, Johnny Depp, Scarlett Johansson, Sofia Coppola, Naomi Watts, Gwyneth Paltrow, Spike Jonze, Alexander Payne, Peter Jackson, Matt Damon, Paul Thomas Anderson, Jake Gyllenhaal, Beck. Paddle Tennis ist für den Ballsport das, was Susan Sontag einmal als *camp* bezeichnet hat. Hätte es Paddle Tennis schon eher gegeben, wäre es wahrscheinlich in Kubricks *2001 – A Space Odyssey* vorgekommen – oder in Antonionis *Blow up*.

Ich bin süchtig geworden nach diesem kleinen Ballspiel. Wie nach einem Schuss Heroin, gemischt mit Kokain. Die perfekte Erholung. Und so habe ich damals den Plan ins Auge gefasst, mich in Los Angeles als Paddle-Tennis-Trainer anheuern zu lassen. Kein anderes Spiel auf der Welt kann einem dieses Gefühl geben, ein Gefühl, das im Bauch beginnt und über die Nervenbahnen langsam nach oben wandert, bis zu den Schläfen.

Als meine Story über Sharon Stone erschien, vertrat Jim Wiatt nicht nur sie, sondern auch Courtney Love, Brad Pitt, Bruce Willis – Hollywoodstars, die mit meiner Geschichte einiges zu tun haben. Was soll ich ihm sagen, falls er mich darauf anspricht? Würde ich von literarischen Freiheiten sprechen? Oder würden wir einfach bloß darüber lachen?

Vermutlich würde Jim Wiatt darauf beharren, dass auch Stars eine wahre Berichterstattung verdienen würden, selbst wenn es nur Kunstfiguren seien. Dann könnte ich völlig irre dreinschauen und den Amokläufer spielen. Ihm eine Smith & Wesson an die Stirn halten und flüstern: Natürlich wird Hollywood von Lügen bestimmt. Im Schutz der Lüge lässt es sich in Wahrheit sehr gut leben. Niemand weiß das besser als du selbst, Jim.

Jim Wiatt studiert jetzt seinen Wilson-Schläger. Ich hätte in den letzten Jahren wirklich sehr viel Zeit gehabt, über den Superagenten nachzudenken. Habe ich aber nicht getan. Und wenn, wäre ich trotzdem nur auf die immergleiche Erkenntnis gestoßen: Wiatt hat keine Rückhand, aber eine Traumvorhand. Mehr braucht einen Trainer wirklich nicht zu interessieren.

Und damit sind wir uns eigentlich sehr nahe, der Superagent und ich. Wir wollen beide nur ein kleines Ballspiel spielen. Um zu vergessen.

Noch eine gelbe Sonne landet im Netz. So vergehen die Minuten. Kleine Galaxien aus Penn-Bällen bilden sich. Verschlagene Bälle. Bis die Zeit abgelaufen ist. Dann schütteln wir uns am Netz die Hand und gehen zur Bank. Das ist alles.

Später rotieren Helikopter über dem roten Wirbel im Zentrum des Feuersturms, der seit 48 Stunden wütet. Schon heute morgen bombardierten C-130-Maschinen den Chaparral im Malibu Canyon mit Feuer hemmenden Mitteln. Trotzdem pariert das Feuer fintenreich jeden taktischen Zug, springt wiederholt über die Feuergrenze, setzt Buschland östlich vom Topanga Canyon in Brand und zieht jetzt Richtung Pacific Palisades.

Die Schlange am Eingang wird größer. Auch einige nervöse Bewohner Malibus sind heute in den Club gefahren. Hier wollen sie das Feuer aussitzen. Gwyneth Paltrow und ihre Mutter lassen sich von den JC-Beachboys Liegestühle und Sonnenschirme mit der Aufschrift JONATHAN CLUB AT THE BEACH an den Strand tragen. Chris Martin folgt mit den Kindern, zwei Nannies und zwei Assistentinnen. Vor zehn Minuten haben sie den Security-Check am Eingang passiert. Chris bleibt jetzt am Zaun stehen, begrüßt Jim und erzählt ihm, dass Brad Pitt und Angelina Jolie wegen des Feuers in Malibu bereits einigen obdachlosen Pferden Unterkunft gewährt hätten. Bob Dylan habe Kiddis sein Gästehaus zur Verfügung gestellt. Heidi Klums Haus sei gefährdet, sagt Jim. Die prominenten Feueropfer hätten im Sinne gegenseitiger Hilfe ein Netzwerk gebildet.

Jim fragt mich so aus Spaß, was ich von der jungen Frau halte, die gerade den Club betreten und jetzt auf einer Bank Platz genommen hat. Ich weiß, dass er keine wirkliche Antwort erwartet. Er tut immer nur so, als ob er seine Chancen auf Sex mit wahnsinnig schönen jungen Frauen ausloten würde.

Gwyneth scheint auf jemanden zu warten. Sie sitzt jetzt auf einer Bank neben Platz eins und blickt über den Pazifik. Surfer schaukeln weit draußen wie schwarze Vögel auf ihren Brettern. Gwyneth ist in ihrer fahlen Schönheit die Ikone des heutigen Hollywood. Unter langen Wimpern starrt sie von den Titelblättern herab. Und wenn sie sich für Vogue entkleidet, ist ihr Körper wie federnder Stahl, rätselhaft keusch und abwehrbereit. Sie sagte einmal, seit sie Mutter sei, lebe sie REAL.

Habe ich dies wirklich gerade gedacht? Gwyneth winkt ein letztes Mal zurück, erst zu Jim, dann zu mir.

In den Hügeln über dem Meer kämpfen vom Feuer eingekreiste Löschmannschaften. Irgendwo am Horizont, oberhalb von Malibu, steigen Rauchfahnen hoch. Gelbe Ebenen unter einem weiß glühenden Himmel. Ich spüre den Hitzesog, die Sonne, das Feuer. Der Rauch steigt von den

Malibu Canyons auf und treibt die Santa Monica Mountains entlang Richtung Los Angeles. Unten dick und weiß, aber darüber immer dünner und wie verweht, so dass es scheint, als würde da, wo der dichte Rauch beginnt, die Welt untergehen.

Mehr Licht

Die Distanz zwischen Pazifischem Ozean und meinem Leben in Koreatown beträgt fünfzehn Meilen. Fahrzeit: sechzig Minuten. Lange genug, um den Club hinter mir zu lassen und mich auf Zuhause einzustimmen. Ich schiebe eine CD ein, drehe am Lautstärkeregler und starre auf die Lichter, die sich vor mir ausbreiten.

In Zeitlupe gleite ich in einen anderen Bereich hinüber. Weiß-rot-gelb glühende Unendlichkeit. Lichtstränge aus hellen Scheinwerfern und roten Rücklichtern. Mein Wagen verwandelt sich in einen Isolationstank. Und es ist wirklich so: Diese Lichter geben Wärme. Wie Morphin. Sechs Spuren mit Tausenden von silbrig glitzernden Lampen. Es ist leicht, sich im massiven Stadtlicht von Los Angeles zu verlieren. Dieses Licht produziert rettende Farben: die Unterkühlung des Film Noir, die futuristische Kälte des Science Fiction, die goldene Helligkeit von Hollywood und die bunte Verrücktheit der Blaxploitation. Es macht süchtig. Es hilft gegen die Nachdenklichkeit. Das Licht ist der Kompass, nach dem das Leben in dieser Stadtwüste ausgerichtet ist.

Wortfetzen dringen in mich ein. Kommentare, Behauptungen, Anschuldigungen. Was ist wahr und was falsch? Was gut und was böse? Ich habe es mit eigenen Augen gesehen: Wir können etwas klar erkennen, aber dennoch furchtbar falsch liegen. Wir glauben zu wissen, wer wir sind, aber liegen voll daneben. Die Dinge stimmen immer nur im eigenen Gedankengebäude.

Ich lenke mich ab, konzentriere mich auf leuchtende Extras: rotierende Leuchtfelgen und Unterböden, die bunte Neonfarben auf den Asphalt werfen. In einem Porsche erkenne ich statt eines gewöhnlichen Tachos kleine Flämmchen, die mit zunehmender Beschleunigung zum Flammenmeer anwachsen. Ähnlich wie auf dem Freeway gibt es auch im Zentralnervensystem schnellere und langsamere Spuren. Ich überhole gerne rechts, bis meine Überholmanöver ins Stocken geraten. In solchen Augenblicken, im sanften Gleiten durch den Lichtkörper, erfand ich die schönsten Monologe von Hollywoodstars.

Fahren in Zeitlupe macht das Vergessen einfach. Man kann sich dabei rasieren, Zähne putzen, fernsehen, Nachrichten verschicken, nachdenken – um alles schon im nächsten Moment hinter sich zu lassen. Nirgendwo geht das besser als in Los Angeles. Die Gesellschaft ist hier auf Vergessen gegründet. Der Verkehr fließt friedlich, fast meditativ. Viele Menschen haben Langsamkeit und Einsamkeit in der Vorwärtsbewegung längst als eine Form von Lebensqualität akzeptiert.

Ein besonderes Licht über Beverly Hills nimmt mich

jetzt gefangen: acht riesige weiße Strahler, die gegen den Himmel gerichtet sind und um die eigene Achse rotieren, als ob es dort oben gute Freunde – oder Feinde – aus fernen Galaxien zu empfangen gäbe. Jede Nacht strahlen durchschnittlich über dreihundert Lichttürme gegen den Himmel über Los Angeles – fast so viele, wie die englische Flakabwehr im Zweiten Weltkrieg über London eingesetzt hat. Aber natürlich wollen die Strahler bloß Aufmerksamkeit für etwas ganz Irdisches erzeugen: Filmpremieren oder Partys.

Ich blicke in Gesichter auf der Nebenspur, die Passagiere werden vom Armaturenlicht ausgeleuchtet. Immer wieder gleiten Fahrzeuge vorbei, in denen sich Frauen im Licht ihres Vanity-Spiegels schminken, Männer telefonieren, lesen sogar Bücher. Man schwebt ganz privat und entspannt, Tempo spielt keine Rolle, alles darf sein, bloß kein Stillstand.

Wer täglich bis zu drei Stunden auf den Freeways fährt, löscht allmählich seine Umwelt aus. DAS TOTALE ICH macht sich breit, es schwingt sich in der Beschleunigung durch die Lichter zum Welteroberer auf. Natürlich ist das alles superparadox, denn man wird ja ständig von Tausenden von Autos begleitet. Doch irgendwann existiert der Mensch auf der Nebenspur nicht mehr. Man hält seine Augen beim Fahren halb geschlossen, liegt wie in einem Sessel und steuert das Fahrzeug per Autopilot. Die Reise durch die Helligkeit der Nacht wird zu einer phantastischen Reise ins Ich: Man weiß es plötzlich genau, man ist ein unbedeutendes winziges Wesen in diesem Universum – und hält doch die Phantasmen seiner endlosen Möglichkeiten aufrecht. Wir blicken zu den hellen Billboards und Scheinwerfertürmen hinauf und bilden uns für eine Weile ein, wir seien die Sonne. In Wirklichkeit vertreiben wir uns die Angst vor Einsamkeit, Dunkelheit und Tod.

Sechs Stunden Ballspielen in der kalifornischen Hitze beeinflusst die Erinnerungsfähigkeit. Es entstehen Löcher im Kopf, die mich beunruhigen sollten. Doch seit einigen Jahren will ich im Grunde überhaupt nicht so genau wissen, was mir durch den Kopf geht. Ich ertappe mich bei der Ausrede, dass es gar nicht so gut ist, wissen zu wollen, was ich denke oder was andere denken. Jedenfalls entgleitet mir das Meiste sofort wieder, und es macht mich sogar glücklich, zu vergessen und alles hinabsinken zu lassen.

Die Jahre gehen vorbei, mit einem Job am Meer und dem Motto: THE PERFECT NOW! Du nimmst nichts mehr besonders wichtig. Und du hörst nie auf zu lächeln.

Ich passiere die Scheinwerfersäulen über Beverly Hills, und für einige Augenblicke vergesse ich sogar, auf welcher Autobahn ich gerade bin. Mir kommt ein Schweizer Autobahnabschnitt zwischen Bern und Interlaken in den Sinn, die N7, die ich im Herbst 1981 jeden Sonntagabend mit meiner Mutter befahren habe, als ich noch auf die Panzergrenadierrekrutenschule in Thun ging. Dann sehe ich die lange, gerade Avus vor mir, auf einer meiner Fahrten nach Berlin. Oder dieses Teilstück der A5, das am Flughafen Frankfurt vorbeiführt. Ich erinnere mich jetzt besonders an Fahrten auf der A24 durch die alte DDR, von Berlin in die Hamburger Redaktion von Tempo anno 1989, und wie ich dann *stoned* immer wieder mal auf der A19 gelandet bin, weil ich die Abzweigung bei Wittstock einfach übersehen hatte. Meistens habe ich das erst im Naturpark Nossentiner/Schwinzer Heide gemerkt. Dieser Park hat mich irgendwie immer sehr glücklich gemacht.

Früher, als Journalist, als ich achtsam über alles nachdachte, war ich zu jeder Tages- und Nachtzeit bereit, mich hinzusetzen und aufzuschreiben, was mir gerade durch den Kopf ging. Dem Licht von Los Angeles habe ich magische Kräfte zugeschrieben: »Überall durchlöchern Scheinwerfer die Schwärze. Die Dunkelheit verschwindet schmerzlos im Rückspiegel des Gedächtnisses.« Heute kann ich mich nicht mehr genau erinnern, wie ich es geschafft habe, Themen, die eigentlich nur etwas mit meinem ganz persönlichen Kosmos zu tun hatten, an Zeitungen zu verkaufen.

Ich blicke nach vorne durch die Windschutzscheibe, beobachte einige Passagiere auf der Nebenspur, ich erkenne manchmal sogar eine Berühmtheit aus Fernsehen, Kino oder Werbung. Aber es ist mir egal. Ich fühle mich längst hilflos, wenn es darum geht, solche Beobachtungen einzuordnen. Früher, als Mitarbeiter und Korrespondent der wichtigsten deutschen und schweizerischen Tageszeitungen, war es meine erste Aufgabe, gesellschaftliche Phänomene zu registrieren und zu deuten, daraus ein Thema zu entwerfen, das einen Blick in die Zukunft freigab. Für solche Geschichten hatte ich ein gutes Gespür. Heute weiß ich nicht einmal, was es bedeutet, über mein Leben nachzudenken. Vielleicht fehlt mir einfach die Übung. Genau so wie im Weizenbiertrinken oder im Small Talk auf Deutsch.

Die Billboards lenken mich ab, obwohl ich dagegen ankämpfe. Ihre leuchtenden Botschaften mit Glücksversprechen auf weißere Zähne oder auf die Beseitigung von Migräneattacken senken sich in Millionen Köpfe, durchwühlen Millionen Seelen, vergiften Millionen Träume.

Hinter der Ausfahrt Arlington beugen sich Fensterputzer über meine Windschutzscheibe. Sie tragen, wie früher die Helden des Hip Hop, goldene Halsketten mit glitzernden Dollarzeichen.

Je mehr ich mich meiner Wohnung in Koreatown nähere, desto deutlicher spürbar wird die Verwahrlosung, die extreme Ungleichheit, die Luftverschmutzung. Die jugendlichen Gangs treten wieder in mein Bewusstsein, die heimatlosen Drifter, die sozialen Probleme, die Erfolgsgeschichten und höllischen Tragödien, die sich unter unseren koreanischen und lateinamerikanischen Nachbarn zwischen Western Avenue und Vermont Avenue täglich abspielen. Ich gleite in die Tiefgarage eines weißen, siebenstöckigen Hauses. Die Neonröhren flackern in der Dunkelheit.

Alles wird still. Ich bin da.

Tisch der Träume

Meine Geschichte ist eng mit der Adresse 840, South Serrano Avenue, Apartment 606, verbunden. Die Wohnung liegt im sechsten Stockwerk dieses 1924 im Art Deco Stil erbauten Gebäudes.

Wir leben hier seit dreizehn Jahren und sind die mit Abstand am längsten ansässigen Mieter. So verstehen wir uns als eine Art Erbschaftsverwalter einer vergangenen Zeit, als diese Mauern zum Beispiel eine kleine kommunistische Drehbuchautorenzelle beherbergte, die in den fünfziger Jahren vom Sonderstab McCarthys für *unamerikanische Aktivitäten* ausgehoben wurde. Geblieben aus jener Zeit ist ein altes neorealistisches Gemälde über der Garageneinfahrt, das einen Arbeiter, der dem Schauspieler Dolf Lundgren gleicht, beim Bau des Hoover-Damms zeigt. In Hollywood-Architekturführern wird außerdem behauptet, dass in unserem Gebäude Stars wie Errol Flynn und Mae West Absteigen für verdeckte Liebschaften gehabt hätten. Auch heißt es, der spätere Bobby-Kennedy-Mörder, Sirhan Bishara Sirhan, hätte einige Tage vor seiner Tat im Apartment 303 ausgeharrt. Heute lebt dort eine sechsköpfige Familie aus El Salvador; der Vater fährt täglich einen Schulbus von Koreatown nach Beverly Hills.

Wenn wir frisch eingezogenen Mietern beim Warten auf den Aufzug eine historische Episode aus unserem Haus erzählen, schauen sie uns besorgt an. Doch wir reden wenig mit unseren Nachbarn. Die meisten arbeiten mehr als sechzig Stunden pro Woche. Tagsüber sind die siebzig Apartments normalerweise leer, das Haus verwandelt sich in ein Geisterhaus. (Bloß in Nummer 606 saß zwischen 1993 und 2000 zu jeder Tages- und Nachtzeit ein Schweizer am Küchentisch und tippte in ein Apple Notebook 3400c. Manchmal wurde er unterbrochen, wenn sein Faxgerät ansprang oder Redakteure aus Deutschland wichtige Meldungen auf seinem Anrufbeantworter hinterließen).

Die Fahrt von der Garage in den sechsten Stock wird von einem unheimlichen Knarren und Schütteln begleitet. In der Schweiz werden sehr gute Lifte gebaut, erzähle ich unserem siebenjährigen Sohn Henry manchmal, wenn er sich im Fahrstuhl fürchtet. In der absurden Hoffnung, ihn damit beruhigen zu können, erzähle ich ihm vom besten Liftunternehmen der Welt, der Firma Schindler aus Ebikon, wo einer meiner Onkel gearbeitet hat. Ein gutes Schweizer Unternehmen. Und wenn Henry fragt, wieso wir dann nicht in die Schweiz zurückkehren, sage ich ihm, dass es hier trotzdem viel besser sei. Wir haben die größte Wohnung im Gebäude, eine bescheidene Zweieinhalb-Zimmerwohnung mit Blick auf Downtown. Polizeihubschrauber oder gelegentliche Schüsse in der Nacht ignorieren wir längst.

Daran denke ich, als ich den langen grauen Gang mit den schmucklos nummerierten Wohnungstüren im sechsten Stock entlang wandere. Manchmal schäme ich mich für die Verhältnisse, in denen wir leben. Ich höre eine Männerstimme laut auf Spanisch schimpfen.

Als ich das Apartment 606 aufschließe, herrscht gespenstische Stille. Immer, wenn ich unsere Wohnung betrete, habe ich das Gefühl, dass irgendetwas im Gange ist, irgendjemand auf der Lauer liegt, etwas unheimlich Schönes, Großes oder Tragisches die Räume bis in den letzten Winkel füllt. Nina sitzt in der Küche. Die Kinder schlafen. Ich beuge mich zu Nina und gebe ihr einen Kuss auf die Wange. Dazu lächle ich gespielt entspannt.

Nina reagiert nicht. Sie liest versunken in einem Buch mit dem Titel: YOUR MIRACLE BRAIN – HOW TO USE FOOD AND SUPPLEMENTS TO MAXIMIZE BRAIN POWER, BOOST YOUR MEMORY, LIFT YOUR MOOD, IMPROVE IQ AND CREATIVITY, PREVENT AND REVERSE MENTAL AGING. Sie trägt eine Art Abendkleidung, als ob sie noch eine Ausstellungseröffnung im Moca geplant hätte. Aber ich weiß, dass sie heute keine Pläne hat. Also gilt ihre hübsche Aufmachung vielleicht mir. Ich gehe ins Wohnzimmer, prüfe, was alles nicht in Ordnung ist: Spielsachen und Briefe liegen verstreut herum, von irgendwoher riecht es nach Holzkohle, eine Alarmanlage dröhnt aus dem Hinterhof.

Wie immer laufe ich dann sofort ins Badezimmer, schließe hinter mir die Türe ab und ziehe mein Jonathan-Club-Hemd aus. Ich rieche nach Schweiß und nach Anthaeus von Chanel, das ich mir morgens nach dem Aufstehen und mittags im Club aufsprühe. Ich wasche die Füße mit kaltem Wasser. Mein Knie schmerzt. Die Achillesferse brennt. Ich sehe die Flecken auf meiner Haut, vielleicht droht Hautkrebs. Der Jonathan Club hat mein Leben mit 500 000 Dollar versichert. Die Arbeitsunfähigkeit würde man mir für drei Monate mit jeweils tausend Dollar pro Woche versüßen. Aber soweit darf es nicht kommen.

Ich schaue in den Spiegel. Wie lange kann ich noch Trainer sein? Ich wasche mich im Gesicht, gehe noch näher an den Spiegel heran. Gewöhnlich sind es die alten Freunde, die einem sagen, wer man ist. Schulkollegen, Arbeitskollegen, Menschen, die man vielleicht ein Leben lang kennt. Meine einst wichtigsten journalistischen Kollegen, Ulf Poschardt und Moritz von Uslar, hatten jahrelang zu meinem phantastischen Selbstbild beigetragen. Auch wenn man sich gar nicht so oft gesehen hat. Sie waren 23 bzw. 20, ich war 27, als wir uns das erste Mal bei Tempo in Hamburg begegnet waren. Sie gaben mir ein gutes Gefühl. Vielleicht haben sie damals sogar zu mir aufgeschaut, denn ich hatte bereits einen Ruf als junger Wilder, ein bisschen gefährlich, durchgeknallt, ein seltsamer Journalist mit interessanter Energie – behauptete mein damaliger Förderer, der Chefredakteur von Tempo, Markus

Peichl. Dabei habe ich nie den geringsten Zweifel daran gelassen, dass man sich nicht bedingungslos auf mich verlassen sollte, dass es Brüche in meinem System gab und dass ich Abgründe attraktiv fand. Journalistische Begriffe wie Wirklichkeit oder Wahrheit galten für mich als Mythos. Oder hatte ich mir das bloß eingebildet? Es gab für mich jedenfalls einen klaren Unterschied zwischen einem literarischen Menschen und einem, der sich streng an Tatsachen klammert. Ein literarischer Mensch war für mich jemand, der es genießt, während er an einem Flughafen festsitzt, einen Nachmittag lang Menschen zu beobachten, während einer, der sich streng an Tatsachen orientiert, nicht von der Frage loskommt, warum sich wohl sein Flugzeug verspätet, und abzuschätzen versucht, ob an Bord wohl noch ein warmes Essen oder eher nur ein Snack serviert werden wird.

Ich kämme mein Haar. Ich studiere jetzt die von der Sonne total gebleichten Haarsträhnen, die auf phantastische Weise einige einzelne weiße Haare zum Verschwinden bringen. Ich bekomme Ulf nicht aus dem Kopf. Erst kürzlich hat er in einer Zeitung behauptet, dass es sein größter beruflicher Fehler gewesen sei, mir vertraut zu haben.

Ich schaue mir nochmals in die Augen. Ich hätte Lust, das Bild von Ulf in meinem Kopf die Toilette hinunterzuspülen.

Manchmal tue ich unerklärliche Dinge, über die ich hinterher nicht reden kann. Wie damals, als mich der

Stern-Chefredakteur auf ein Interview mit Whitney Houston angesetzt hatte und ich in New York in einem Nachtclub Whitney Houston gegenübersaß, die ihre Antworten auf meine Fragen per Headset von einem ihrer Berater im Hintergrund zugespielt bekam. Wieso habe ich darüber geschwiegen? Und wieso denke ich heute immer noch darüber nach? Ich spüle meinen Mund mit scharfem *Listerine Mouthwash.* Gleich werde ich mich in einer schwarzen Unterhose zu Nina an den Küchentisch setzen und mich beherrschen müssen.

Ich wünschte mir, ich könnte jetzt mit einer einfachen Wahrheit und nichts als der Wahrheit herausplatzen: dass ich einen geheim gehaltenen Gehirntumor habe. So sieht das Leben aus, wenn man *ein Fall* ist. Es gibt ein Davor und ein Danach. Ich müsste längst im Danach sein. Aber ich bin immer noch mittendrin.

Ich betrete die Küche. Die Täfelung hinter dem Herd ist schmutzig und schält sich. Ich rücke eine Küchenschabenfalle in eine neue Position. Wie gerne würde ich mich einfach zurückziehen. Aber das geht nicht. Es ist eine kleine Wohnung mit phantastischer Sicht über Downtown L.A., Richtung Hollywood, und in Richtung Süden über das endlose Lichtermeer von South L.A. Aber ohne die Möglichkeit, sich zurückzuziehen.

Der einzige Journalist, der jemals hier zu Besuch war, ist der heutige Feuilletonchef und frühere New-York-Korrespondent der Süddeutschen Zeitung, Andrian Kreye. Er schenkte mir eine Ladung Neujahrsraketen, die er bei einem Indianerstamm in Arizona gekauft hatte. Wir feuerten die Ware ohne bestimmten Anlass von der Dachterrasse ab. Andrian und ich kannten uns seit den frühen Tempo-Tagen. Ich erinnere mich, dass er Henry zum einjährigen Geburtstag einen süßen Pullover von Fred Segal gekauft hat. Wir ritten öfters mal in den Wellen vor Venice Beach auf unseren Boogie-Boards. Das letzte Mal im Sommer 1999.

Ich prüfe jetzt unseren alten Anrufbeantworter von Panasonic, eine echte Rarität, mit richtigen Kassetten. Wie überhaupt die ganze Wohnung inzwischen so etwas wie ein Museum ist. Der rote Knopf blinkt, zwei Meldungen wurden hinterlassen. Nina überlässt das Abhören meistens mir. Vielleicht, weil das Gerät schon genügend Unheil verbreitet hat.

Ich drücke die Playtaste:

»Peep … Hello everyone, Pam Marten, your school prinicipal speaking. Tomorrow is pizza day. Please give your child one dollar.«

»Peep … Tomás … Joyce Ostin here, how are you? I need a lesson tomorrow, early morning, if possible. Please call me asap.«

Ich betrachte dieses Urgestein unter den Anrufbeantwortern, erworben 1993 im Elektronikladen Good Guys in West-Hollywood. Es ist uns erhalten geblieben, vielleicht als mahnende Erinnerung. Und es ist derselbe Anrufbeantworter, auf den vor fast sieben Jahren, am 15. Mai 2000, ein Herr Marchel mit geheimnisvoller Stimme gesprochen und mir die Solidarität der ganzen Swiss Press zugesichert hat. Es war ausgerechnet dieser spontane und aufrichtig gut gemeinte Anruf, durch den ich vom öffentlichen Wirbel um mich überhaupt erfahren hatte.

5/15 sei unser persönliches 9/11, hat Nina einmal gesagt, halb im Spaß, halb im Ernst. Jedenfalls war die Stimme von Herrn Marchel eine wunderbar exotische Stimme, die mir selbst im Halbschlaf so hässlich vertraut erschien. Zu jener Morgenstunde des 15. Mai sprach sie über den Lautsprecher des Geräts tief hinein in unsere Herzen, mit einem Dialekt, den ich noch heute perfekt beherrsche: Schweizerdeutsch.

Um mir die Stimme noch einmal anzuhören, müsste ich nur den Archivschrank öffnen, der heute mit Kinderspielsachen vollgestopft ist. Auch wenn ich über kein großes Organisationstalent verfüge und mich mit der sauberen Archivierung von Recherchematerial immer schwer getan habe, habe ich es doch geschafft, ein Archiv mit sämtlichen Tonbändern meines Panasonic anzulegen. Die Sammlung deckt fast komplett meine Zeit als Journalist in Los Angeles zwischen 1993 und 2000 ab und umfasst Telefonbotschaften von Ex-Kollegen aller möglicher Redaktionen. Es wäre eine gute Gelegenheit, jetzt dieses Archiv zu öffnen, das alte Band mit der Stimme des Herrn Marchel zu suchen und abzuspielen.

Im Frühjahr 2000, als mir eine Klage der Süddeutschen Zeitung drohte, habe ich das Archiv zuletzt durchsucht, doch ohne mich konzentrieren zu können. Vielleicht hatte ich das bloß getan, um der Vergangenheit eine Stimme zu geben und mich zu vergewissern, dass es diese Zeit und diese Sätze tatsächlich einmal gegeben hat. Vielleicht auch, um noch einmal die Stimmen jener Jungs zu hören, von denen ich hoffte, dass ich sie einmal von einem Hochhaus stoßen würde. Meine Gefühle waren damals geladen wie eine Hochspannungsleitung.

Nina will im Übrigen nichts mehr damit zu tun haben. Sie hat mir klar signalisiert: Unser Leben sei seit 5/15 auf einer absteigenden Linie und drohe kaputtzugehen, falls wir uns weiter mit den Ereignissen herumschlagen würden. Wenn Nina so redet, wirkt sie konzentriert und unerschütterlich.

Ich werde ruhig und schaue in unserem gemeinsamen Schlafzimmer nach den Kindern. Henry liegt auf einer Matratze, über ihm hängt eine aus Holz gesägte Seilbahngondel aus dem Berner Oberland. Noch immer kleben an seinen Ohren Kopfhörer, aus denen Szenen der *Lemony Snicket Saga* dringen. Ich ziehe ihm die Kopfhörer von den Ohren. Um sein Bett herum stapeln sich Kinderbücher. *Harry Potter*, *The Lord of the Rings* und *Nacho Libre* – Actionfiguren der Firma McFarlane – thronen auf dem Bücherregal. Jack liegt in seiner Holzkrippe, gleich neben unserer Matratze. Jack ist zwei, er schläft leicht atmend und mit einem leisen Knacken in der Kehle. Noch immer spielt seine Einschlafmusik: *Apollo* von Brian Eno.

Nachdem ich die Archivkammer durchwühlt habe, stelle ich den Karton mit der Aufschrift ANRUFBEANT-

WORTER 1993–2000 auf einen der Küchenstühle. Nina sitzt stumm am Esstisch, der mir seit dreizehn Jahren auch als Arbeitsplatz dient. Nina trägt dieses unglaublich altmodische rote Samtkleid, und ich bemerke erst jetzt, dass ihre Füße in Stöckelschuhen stecken. Sie freut sich, dass ich es sehe. Nina ist wirklich die schwierigste Frau der Welt. Wenn sie in Hochform kommt, wird sie laut und schrill, sie gibt nicht nach. Und trägt grundlos Stöckelschuhe. Doch sie hält zu mir. Jedenfalls bis heute. Und ich halte zu ihr. Egal, was passiert. Ich weiß nicht, ob man das Liebe nennt. Sie kennt mich besser als jeder andere Mensch. Sie weiß auch, dass ich lüge, stehle und Unwahrheiten verbreite, wenn es die Situation erfordert. Aber vorgeworfen hat sie mir das nie. Hundert persönliche Erklärungen und Rechtfertigungen kommen in mir hoch und wollen heraus, und ich muss heftig schlucken, um sie zurückzuhalten.

Mein Gott, sagt Nina irgendwann in dieser Nacht, bevor sie einschläft, warum ist es nicht möglich, dass du die Dinge einfach akzeptierst.

Sie hat dieses wunderbar prägnante Gesicht, eine markante Nase, die von einer fernen Ursprünglichkeit erzählt. Ihre Augen sind blau wie die Südsee, und von dort ist sie auch gekommen, dachte ich, als sie neunzehn war und wir uns verliebten. In einem Pfahlbauerkanu landete sie auf dieser Insel, wo ich einfach so saß, anno 1984: Barcelona. Aber wie sich dann im schönen wilden Barcelona herausstellte, wo wir uns während eines Gun-Club-Konzerts im damaligen Studio 54 – Bar Otto Zutz – in die Arme nahmen, war Nina bloß dreißig Kilometer von mir entfernt geboren worden. In der Uhrenstadt Biel, nahe des grünen Neonschriftzugs der Firma Rolex. Sie kam nicht aus der Südsee, wie ich gehofft hatte, sondern war von Zuhause abgehauen.

Ich gehe zum Panoramafenster, blicke hinaus über eine endlose Fläche verrottender oder renovierter Mehrfamilienhäuser. Jedes Jahrzehnt seit den zwanziger Jahren ist in Koreatown architektonisch vertreten, Bungalows, Gipsplattenbauten und Eigenheime, Neo-Noir, Neo-Art-Deco. In der Ferne ein riesiger Parkplatz für vielleicht 50 000 Autos, gleich neben dem Stadion der Los Angeles Lakers. Und irgendwo in dieser überdimensional ausgeleuchteten Leere sehe ich jetzt eine Frau. Sie gleicht Jackie Brown und steigt in einen roten Toyota Camry. Mehr passiert nicht.

Nina sagt, dass uns Amerika in ein einsames Ehepaar verwandelt hat. In zwei Einsame, die sich gegenseitig beschützen. Die sich manchmal berühren. Die keine Angst haben vor dieser Einsamkeit zu zweit. Die schließlich zwei wunderschöne Kinder geschaffen haben.

Meine Finger wandern über Kassetten. Ich ziehe ein Tape mit der Aufschrift LOS ANGELES 1996 hervor, stecke es in den Panasonic und drücke auf Play.

»Peep … Hey Tom, was läuft in L.A.? Sitzt du mal wieder am Pool und trinkst Martinis? Hier Roger Köppel. Können wir mal

reden. Wir brauchen die Bruce-Willis-Geschichte. Bis übermorgen. Es ist dringend. Titelgeschichte.«

Es ist, als gäbe es jetzt einen Schleier, der mich vor der Erinnerung an diese Stimme schützt. Ich schenke mir ein Glas französischen Rosé ein, eine Flasche, die mir Edward P. Roski Jr. vergangene Woche geschenkt hat, die Nummer 320 auf der Forbes-Liste der reichsten Amerikaner. Und ein Paddle-Tennis-Spieler im Jonathan Club. Erst jetzt, nachdem ich die Stimme von Roger Köppel gehört habe, wird mir klar, dass es kaum eine bessere Zeitreise geben kann als mit den guten alten Anrufbeantworter-Meldungen.

Nina dreht sich einen Joint. Während ich nach einem Band mit dem Titel MESSAGES 2000 suche, erzähle ich Nina von der Begegnung mit Gwyneth Paltrow. Wie die meisten intelligenten Leute hielt es Nina Ende der achtziger Jahre für völlig uncool, wenn sich jemand für prominente Menschen interessiert. »Soll ich in Ohnmacht fallen, bloß weil Tom Cruise irgendwo in der Nähe sein könnte?«, lästerte sie im Frühjahr 1993, als wir uns entschieden hatten, Deutschland für zwölf Monate zu verlassen. Sie hatte gehofft, dass wir in Los Angeles kalifornische Architektur studieren – Lautner, Kaufman, Neutra, Frey –, vielleicht ein Kochbuch schreiben, die Wüste Kaliforniens entdecken, uns selbst ein Haus bauen würden. Aber Hollywoodstars? Dass man Filmstars ernsthaft faszinierend findet, kam für sie dem Geständnis gleich, ein Faible für Königshäusergeschichten in Quick oder Bunte zu haben.

Auf meine Gwyneth-Paltrow-Sichtung im Jonathan Club reagiert sie zunächst nicht. Sie steckt sich den Joint in den Mund, zündet ein Streichholz an und versucht sich mal wieder an einem dieser schwierigen französischen Lungenzüge, den man in der französischsprachigen Schweiz praktiziert und der bei mir meist in die falsche Richtung geht, gleich in den Hals statt zuerst in die Nase, und gewöhnlich einen entsetzlichen Hustenanfall auslöst. Nina beherrscht ihn perfekt.

Und, wie hat sie ausgesehen, fragt Nina, während sie den Rauch vor sich hin bläst, ohne eine Antwort zu erwarten. Wie immer, sage ich. Ein bisschen zerbrechlich. Schlampig angezogen. Bleich.

Nina sitzt jetzt einfach da. Ich glaube, es ist einer jener Momente, an denen ich sie zu Tode hätte reden können, ohne dass sie sich dagegen gewehrt hätte. Sie ist müde, erschöpft von den Kindern, sie erwartet nichts, und hat sich doch die Mühe gemacht, ein rotes Samtkleid anzuziehen. Ich denke, jetzt wäre eine gute Gelegenheit. Ich sollte ihr jetzt davon erzählen, dass ich mich meiner Vergangenheit stellen muss. Jedes weitere Hinauszögern wäre sinnlos.

Bevor ich etwas sagen kann, steht Nina auf und macht sich am Herd Milch heiß.

Ich starre auf den leeren Esstisch. Den Tisch der Träume. Hier sind etwa fünfundvierzig Interviews entstanden und noch mal so viele Reportagen und Essays. Es ist ein Secondhand-Tisch aus der Zeit der Streamline-Ästhetik. Auf diesem Möbel haben wir wahrscheinlich eines unserer beiden Kinder gezeugt, unzählige Käsefondue-Abende mit amerikanischen Freunden veranstaltet, und für einige Monate, Mitte der neunziger Jahre, war dieser Tisch sogar sauber genug, um Kokain mit Heroin zu mischen. Ein echter Kummer-Tisch.

Nina nimmt mit einem Löffel die Haut weg und gießt die Milch in die Tasse. Es ist ihr egal, dass ich die alten Kassetten des Anrufbeantworters in einem Karton gesammelt habe. Sie schüttelt den Kopf. Dass ich mich ernsthaft mit Erinnerungen herumschlagen wolle, sei wirklich bloß mein Problem. Sie weiß noch nicht, dass ich sogar schon Paddle-Tennis-Lektionen abgesagt habe, nur um mich der totalen Erinnerungsarbeit widmen zu können. Ich will endlich in meinem Archiv aufräumen, endlich aufräumen. Vielleicht um herauszufinden, warum ich Geschichten wie SHARON STONE, BRUCE WILLIS, BRAD PITT, COURTNEY LOVE – und die vielen anderen, mit denen ich mir ein Grab geschaufelt habe – jemals schreiben konnte.

Ich frage Nina, ob es ihr was ausmacht, wenn ich jetzt einfach einige Bänder abspiele. Sie antwortet nicht. Die Stille ist zermürbend. Wieso stellen wir uns so blöd an, wieso das ganze Theater um diese Bänder? Es kommt mir so vor, als hätte ich diese Situation bereits schon einmal erlebt. Ein richtiges Déjà-vu. Ich erinnere mich an einen solchen Abend, an dem Nina weinend am Küchentisch saß, den Rücken gebeugt und das Gesicht in den Händen vergraben.

Was einem nicht alles für Dinge durch den Kopf gehen, wenn man alte Bänder vor sich liegen sieht, sage ich.

Was für Dinge, fragt Nina.

Ich erinnere mich, dass du mal gesagt hast, letztlich sei es egal, ob wir den Rest unseres Lebens zusammen verbringen oder nicht. Unsere Liebe existiere auf einer höheren Ebene.

Das habe ich mal gesagt? Wieso erinnerst du dich daran?

Ich schiebe das Band L.A. SPRING 2000 in die Maschine und drücke die Playtaste.

»Peep ... Hallo Tom, hier Ernesto Marchel, ich wollte dir nur sagen, die ganze Geschichte ist eine Riesenschweinerei, wir von der Swiss Press stehen voll hinter dir. Ruf mich mal an.«

Nina rührt sich nicht. Ein heißer, süßer Geruch weht von ihrem Joint herüber. Ich erinnere mich daran, dass Nina immer gesagt hat, dass unsere Schicksale miteinander verknüpft seien. Das mache unsere Beziehung so stark. Erst später, nachdem alles mögliche passiert war, fing sie an, Wörter wie *kosmisch* und *innere Power* zu benutzen. Aber ich mag jetzt nicht darüber nachdenken. Ich erkenne noch die Stimme des nächsten Anrufers. Es ist mein ehemaliger Literaturagent Matthias Landwehr, der irgendetwas Unverständliches im Zusammenhang mit Florian Illies nuschelt, der eine Woche zuvor eine Geschichte von mir für die Berliner Seiten der Frankfurter Allgemeinen abgedruckt hatte. Es war die Geschichte über den Wurstbudenbetreiber Gerd am Mehringdamm, der einer coolen Trendforscherin, einer jungen Frau aus Los Angeles, Tipps gibt, was in Berlin gerade angesagt sei. Eine phantastische Proll-Geschichte, aufgeladen mit dem Glamour der großen weiten Welt. Perfekter Konzeptjournalismus. Meinte auch Illies.

Diese Nachricht spare ich mir für später auf, sage ich Nina.

Wer ist Marchel?

Kannst du dich nicht an die Stimme erinnern?

Nina schaltet das Küchenlicht aus, sie bringt ihre Tasse Honigmilch ins Wohnzimmer und setzt sich aufs Sofa. Die Stimme ist ihr völlig egal. Und eigentlich sollte sie mir auch egal sein. Aber während man sich erinnert, kann man sich in das Unbedeutende hineinfressen und es wunderbar aufblasen. Ein Kunstgriff, den wir schon bei Tempo Ende der achtziger Jahre beherrscht haben und der später auch dem SZ-Magazin eine unverwechselbare Handschrift geben sollte: Kluge Köpfe denken über Gummibärchen genauso nach wie über Helmut Kohl, Kalaschnikows, verschmutzte Meere, das Sexleben von Tauben, Gucci, Pop, Politik und endlos seichten Unsinn. Es ist das alte Dada-Gefecht um das lustig aufgeblasene Nichts oder das absurd kleine Detail, das bloß wirkungsvoll inszeniert werden muss.

Dafür war ich immer zu haben. Nina weiß das. Und hat das auch immer geliebt.

Doch jetzt sagt sie nichts mehr. Weil sie diesen Anruf

mit der seltsam exotischen, schweizerdeutschen Stimme eines Herrn Marchel als genau den Zeitpunkt ausmachen kann, an dem das Blatt sich für uns gewendet hat.

Marchel betreibt eine Firma namens Swiss Press, die seit fünfzehn Jahren die Anlaufstelle für Tagesanzeiger-Journalisten ist. Ich hatte damals keine Ahnung, wofür ich die Solidarität des mir persönlich unbekannten Menschen benötigen würde. Sein Anruf hatte, wie mir erst später klar wurde, mit nationalem Stolz zu tun: Einen Schweizer lässt man nicht einfach hängen, wenn er von Deutschen unter Beschuss genommen wird. Ganz gleich, was passiert.

Als ich Nina dann drei Tage in Folge habe weinen sehen, änderte sich alles, wonach wir unser Leben ausrichteten.

Nina schaudert. Sie fürchtet sich vor diesen Tapes, vor unserer Vergangenheit. Sie nimmt eine Zigarette und hält sie zwischen den Zähnen. Sie wirft mir diesen phantastischen Blick zu, dessen Hintergrund ich sehr genau kenne: Irgendetwas an mir gibt ihr mal wieder das Gefühl, dass alles, was ich erzähle, inszeniert ist. Aber allein die Tatsache, dass es mir Spaß macht, Szenarien zu erfinden – wie ein Situationist – deutet auf das gute, optimistische Leben hin, das wir geführt haben, und den scharfen Blick für die großen, wichtigen Dinge auf der Welt, den ich bis heute besitze. Für sie ist dieses Gefühl Grund genug, bei mir zu bleiben und zu hoffen, dass der schöne Wahnsinn des

Lebens uns bald wieder heimsucht. So lese ich jetzt ihren Blick.

Ich stehe auf und laufe im Wohnzimmer auf und ab. Ich strecke mich, atme tief durch. Best of Yoga. Ich denke. Ich erinnere mich. Ich denke. Ich erinnere mich. Ich denke über alles nach, woran ich mich erinnere, taste es immer wieder von allen Seiten ab. Mein Selbstbild ist total gestört. Ich betrachte die vier großen Bücherregale, die unser Wohnzimmer wie einen Bilderrahmen umfassen. Jedes Buch scheint eine bestimmte Recherche zu symbolisieren. *Ägyptische Gnostiker* nutzte ich für Brad Pitt. Auf mein Interview mit Tom Hanks bereitete mich der Feng-Shui-Experte P. K. Rai vor. So ergaben sich viele interessante Paare: Sean Penn und Robert Musil. Sharon Stone und Søren Kierkegaards *Tagebuch des Verführers.* William S. Burroughs' *Nova Express* und Johnny Depp. Jennifer Lopez und Christian Kracht. Winona Ryder und Dennis Johnson. Stan Libudas Biografie und George Lucas. *Panik* von Johanna Margraf und Angelina Jolie. Andy Warhol und Ivana Trump. Quentin Tarantino und Luis Trenker.

Nina fährt sich mit den Fingern durchs Haar und schüttelt den Kopf, als wolle sie sich über etwas klar werden. Ich denke gerade daran, wie alt ich bin. Zweiundvierzig.

Ich betrachte eine Autogrammkarte von Bruce Willis, die an einer Pinnwand im Archivkasten klebt. Bruce hat sie mit den Worten *To Tom* und *Ciao Swizzera* unterschrieben.

Es ist kurz nach Mitternacht. Ich spüre ihre Hand auf meiner Schulter. Nina ist eingeschlafen. Draußen vor dem Panoramafenster bläst der Wind, und über Downtown ziehen im Mondlicht Wolken auf. Zwar fehlt der saure Regen, doch tatsächlich werfen jetzt die Wolken über Downtown gigantische Neonbilder zurück auf die stinkenden Straßen, wo ein chaotisches Gewimmel aus heimatlosen Mischlingsmassen herrscht – wie in *Blade Runner*. Für einen Moment spüre ich die Kälte, und für einen Moment denke ich, dass ich vielleicht tot bin, dass es sich so anfühlen könnte. Dann blicke ich wieder auf die Bruce-Willis-Autogrammkarte. Sie verbindet mich mit einem der amüsantesten Momente meines Lebens. Das Interview mit Bruce besaß alle Elemente, die man zusammengefasst als guten Hollywood-Wahnsinn bezeichnen kann. Ich meine damit nicht nur die wahrhaftige Begegnung mit Willis, sondern auch die Stunden danach, als ich den Monolog mit Bruce an unserem Streamline-Esstisch führte.

Ein großer Spaß. Für alle. Auch für die Leser. Doch schon nach meinem ersten Star-Interview war ich zu der Erkenntnis gelangt, dass es sich nicht lohnt, diese schöne, neue Welt der Stars mit der Gattung *Interview* zu erobern – höchstens als eigenwillige Recherche für einen satirischen Roman. Das hätte mir und meiner Familie eine ganze Menge Ärger erspart. Aber es kam anders.

Plötzlich herrscht in unserer Wohnung die dimensionslose Stimmung, die der empfindet, der im Dunkeln wach bleibt und über die verbleibenden Stunden bis zum Morgengrauen rätselt. So ist es mir oft ergangen, wenn ich unter Zeitdruck meine Texte fertigstellen musste und die Anrufe der Chefredakteure auf meinem Band eingegangen sind. Wird mich wegen der Erinnerungsarbeit die Verzweiflung packen? Vielleicht wäre heute Nacht eine gute Gelegenheit, allein durch die Straßen zu wandern und ein paar Dinge zu Ende zu denken. Aber wie denkt man Dinge zu Ende?

Ich drücke nochmals die Playtaste des Panasonic, 16. Mai 2000, 10 Uhr 15 , die Stimme meiner Mutter: »*Peep … Thomas, wo bist du? Hier ist ganz was Schreckliches los. Was hast du bloß gemacht. Hier sind die Zeitungen voll mit deinem Namen. Bitte ruf in Bern an, wir sind zu Hause. Kuss von Heidi.*«

Angst vor dem Sieg

Bern, Länggasse, 1971. Ein Geruch von Schokolade lag in der Luft. Er zog mit dem Westwind von der Toblerone-Fabrik direkt in unsere Wohnung hinein. Ein süßer Geruch, der Kinderherzen gewöhnlich höher schlagen lässt. Doch es half nichts. Schokoträume hatten bei uns keine Chance. Der Geruch von kalter Asche war stärker. Viel stärker.

Der Geruch kam von der Kleidung meines Vaters, stieg auf und blieb in der Luft hängen. Mein Vater saß nach der Arbeit meist stumm mit einer Zigarette zwischen den Fingern auf dem Balkonstuhl. Er roch, als wäre er selbst längst verbrannt. Seine Hand umklammerte eine Flasche Bier der Marke Gurten, während er hinaus in die Leere des Toblerone-Viertels starrte. Er zog an seiner Zigarette, die Glut flammte auf, er lächelte mich an. Dann tippte er konzentriert die Asche am Metallbecher mit der Aufschrift RÖSSLI ZIGARREN ab.

Krampfhaft versuchte ich zu verstehen, was Erwachsene wissen, denken, fühlen; was eigentlich genau im Hirn meiner Eltern passierte, wie ihr zentrales Nervensystem funktionierte. Ich habe zum Beispiel nie verstanden, warum sich mein Vater Kette rauchend in Gefahr begab, es sei denn, dass ihm sein Leben vielleicht nicht mehr so viel bedeutete. Oder er sein Glück in der Selbstzerstörung fand.

Ich wurde am 14. Januar 1963 im Berner Stadtteil Länggasse geboren. Die Länggasse galt damals als so genanntes Arbeiterviertel, weil hier die Toblerone-Fabrik stand, in der viele Bewohner des Viertels arbeiteten. Drei meiner Onkel waren dort beschäftigt. Kinder und Verwandte von Toblerone-Angestellten wurden ständig mit Schoko-Talern beschenkt. Die Schokolade war hier einfach Teil der Landschaft. So wie die sauberen Straßen von Bern. Wie die diskrete Freundlichkeit der Nachbarn. Die vollen Aschenbecher. Und die Glocken der Heiliggeist-Kirche.

Unser Haus gehörte zu jener damals modernen Sorte von Reihenhäusern, wie sie überall in den sechziger Jahren in der Schweiz aufkamen: weiße, sechsstöckige Klötze, grüne Eingangstüren, graue Rollläden, blaue Briefkastenwände, nummerierte Parkplätze. Alles sah irgendwie gleich aus.

Der Wohnblock Neufeldstraße 11 bis 19 war kein verwahrlostes Reihenhaus-Viertel wie die Arbeitergettos außerhalb der Schweiz, die wir damals von Bildern der Illustrierten Stern oder der Schweizer Fernsehsendung Rundschau kannten. In der Länggasse verdiente jeder genug für ein ordentliches Leben. Die Kinder durften von 14 Uhr bis 17 Uhr die Spielwiese benutzen. Eine unterirdische Garage für den PKW gab es auch. Hunderte roter Markisen wurden bei schönem Wetter über die schmalen Balkone ausgefahren. *Migros* und *Konsum* waren zu Fuß erreichbar. Nach 20 Uhr kehrte totale Stille ein.

Mein Vater arbeitete als Chefsekretär beim Schweizerischen Landesverband für Leibesübungen, einem Sammelbecken aller Schweizer Sportverbände. Der Job entsprach seiner sportlichen Natur – dass er Kette rauchte und von Asthma geplagt wurde, darüber redete man nicht. Er sei ein Talent, gesegnet mit brasilianischem Ballgefühl, sagten seine Freunde.

Hans Kummer war ein ausgezeichneter Tennis- und Fußballspieler, und er liebte die Berge. Als junger Mann bestieg er auf den schwierigsten Routen alle bedeutenden Viertausender in den Alpen – zu einer Zeit, als das Ersteigen der Eigernordwand noch als alpine Meisterleistung galt. Er war auch ein großer Skifahrer, trainierte Ende der dreißiger Jahre englische Offiziere in Mürren und war Mitorganisator des Alberg-Kandahar-Rennens, einem Vorläufer der späteren Weltcup-Rennen. Im Zweiten Weltkrieg stand er als Grenadieroffizier an der deutschen Grenze. Außer einem Fußballspiel mit deutschen Grenzsoldaten bei Basel blieb der Krieg für ihn ohne Feindkontakt.

Mit Bällen konnte Hans Kummer eine Menge Zaubertricks vorführen und sich total darin verlieren. Seine Lieblingsspieler waren Stan Libuda von Schalke 04 und der

Züricher Freddy Bickel, ein Fußballgenie, das in den Fünfzigern bei den Grasshoppers spielte und die Schweizer Liga dominierte. Auch Bickel soll heimlich Kette geraucht haben. Mein Vater rauchte täglich drei bis vier Päckchen Stella Filter oder Mary Long. Unsere Tapeten mussten öfter ausgewechselt werden. Schließlich sollte alles ordentlich aussehen.

Er sei halt ein Genussmensch, sagte meine Mutter, wenn ich sie fragte, wieso Vater so viel rauche. Was *Genussmensch* genau bedeutete, verstand ich nicht. Aber ich fragte nicht weiter nach. Überhaupt kapierte ich nicht, wieso meine Mutter meistens in der Küche stand, entweder am Herd oder am Spülbecken. Und dabei schaute sie ständig hinaus auf die Straße, als würde sie dort jemanden suchen. Es war, als glaubte sie, jemand wäre dort draußen, an den sie sich wenden könnte, jemand, der unserer Familie eine Ahnung davon vermitteln könnte, was hier eigentlich mit uns geschah. Doch die Straße war leer. Die letzten Sonnenstrahlen leuchteten durch das Toblerone-Wappen – ein Geschenk von Onkel Pauli –, das über dem weißen Küchenvorhang baumelte und rot-gelb-schwarzes Licht in die Küche warf: die Berner Farben.

Wenn Vater nach der Arbeit auf dem Balkon saß und Zeitung las, dann schaute ich ihm einfach dabei zu. Der Berner Bund und der Zürcher Sport waren seine Lieblingszeitungen. Ich versuchte, sein Gesicht im Abendlicht zu sehen. Er lächelte und sah mich an, und ich glaube, er war glücklich in diesem Augenblick, glücklich, dass ich bei ihm war, glücklich, dass er jetzt auf dem Balkon sitzen, seine Zigaretten, Zeitungen und die Nachrichten im Radio genießen konnte. Und ich schaute ihm dabei ein bisschen zu, bis ich ins Bett musste.

Manchmal erschien es mir seltsam, dass ein Mensch, der seinen Lebensunterhalt als Sportsekretär verdiente und ein gewinnendes Lachen besaß, ein Mann werden konnte, der sich mit Alkohol und Nikotin vollpumpte – einer, den seine Freunde Johnny nannten.

Wenn ich mich abends ins Bett schlich, fragte er mich zum Spaß, was eigentlich los sei mit mir, ob ich eigentlich schon zu alt sei, ihm einen Kuss zu geben. Männer lieben einander auch, sagte er, komm her! Und er nahm mein Gesicht zwischen seine Hände und küsste mich auf den Mund und drückte meine Wangen. Sein Atem roch nach Tabak, und sein Gesicht war rau. Dann sagte er noch, ich solle nicht enttäuscht sein von dem, was er tue und sage. Oder was Mutter so tue und sage. Ich nickte und ging ins Bett.

Ich weiß nicht, ob meine Eltern Probleme hatten, die sie vor mir verbargen. Es kam nie vor, dass sie sich anschrien oder stritten. Sie waren wirklich gut zu mir. Vielleicht gab es Missverständnisse, aber davon wusste ich nichts. Wir verbrachten den Sommer so oft wie möglich auf dem Tennisplatz. Im Winter fuhren wir in die Berge oder saßen zu Hause im Wohnzimmer.

Es war mir trotzdem immer schleierhaft, wieso ich ausgerechnet in einem kargen Reihenhaus im Berner Viertel Länggasse das Licht der Welt erblickt hatte. Die Erkenntnis, dass man einfach irgendwo auf dieser Erde geboren wird und dazu absolut nichts zu sagen hat, ist niederschmetternd. Erst recht, dass man sich damit abfinden soll. So werden falsche Verhältnisse geschaffen, die auf falschen Verhältnissen gründen und wiederum zu falschen Verhältnissen führen. Und so weiter. Grausam. Ich kann mich also nicht erinnern, dass ich mir jemals gewünscht habe, in der Neufeldstraße 13, dritter Stock rechts, 3012 Bern, geboren zu werden. Aber so wichtig war mir das auch wieder nicht. Schließlich gab es Millionen Teenager, die sich mit ihrer Heimat abgefunden hatten. Was mir Heimat bedeutete oder wer genau unsere Vorfahren waren, war mir nicht klar. Eigentlich kannte ich meine Familiengeschichte überhaupt nicht.

Zwanzig Jahre später erzählte ich Pipilotti Rist, die gerade am Anfang einer höllischen Karriere stand, eine phantastische Geschichte: Dass ich in Afghanistan geboren und der Sohn eines Afghanen und einer Schweizer Rotkreuz-Krankenschwester sei. Ich holte sie in Olten mit meinem Mercedes 280c mit Berliner Kennzeichen ab, es war wohl das Jahr 1992. Wir fuhren nach Solothurn, wo sie ihr erstes Kunstvideo *Pickelporno* dringend vor Ablauf der Abgabefrist für das Filmfestival einreichen musste.

Wir blieben einige Tage zusammen, schauten uns Ausstellungen an, redeten über Musik, Leidenschaften und *funny stuff*, und irgendwann landeten wir im Hilton am

Flughafen Kloten, wo Pipilotti ein Zimmer für die Nacht gemietet hatte. Wir lagen nackt auf einer Matratze, ein bisschen erschöpft, ich rauchte eine Zigarette und erzählte ihr diese lustige afghanische Phantasie, und zwar genau in jenem Moment, als mir klar wurde, dass Pipi während der ganzen Zeit eine versteckte Kamera hatte mitlaufen lassen.

Rückblickend ist dieses Detail vielleicht das einzig Erzählenswerte aus jener Nacht. Jedenfalls fand ich hinterher das Konzept phantastisch, Begegnungen dieser Art heimlich auf Video zu bannen – obwohl mich das in jener Nacht, nachdem ich das rote Lichtlein entdeckt hatte, nicht besonders animiert hat. Aber ein Spielverderber wollte ich auch nicht sein.

Als ich einige Jahre später in die Schlagzeilen geriet und Pipilotti ein Weltstar wurde, wurde ich bei meinen Besuchen in der Schweiz öfters auf meine Afghanistan-Legende angesprochen.

Nein, Afghane war mein Vater nicht. Und meine Mutter war auch keine Rotkreuz-Krankenschwester. Aber sehr viel Genaueres wusste ich auch nicht. Außer dass die Menschen auf Vaters Seite einen Hang zu Melancholie, Tabak, Fußball, Skifahren und Alkohol hatten. Und dass die Leute auf Mutters Seite gerne sehr sauber lebten und ihre Wohnungen und Häuser ständig von dem befreiten, was sie für Müll hielten. Kein Wunder, dass meine Mutter fast alles, was sie an die Vergangenheit erinnert, auch heute noch sehr rasch entsorgt. Eben wie Müll. Ihr ist fast alles peinlich, was mit der Familiengeschichte zu tun hat. Also kommt es weg.

Mein Vater war, wenn ich genau darüber nachdenke, ein beliebter Mensch. Man konnte sich auf ihn verlassen. Und er sah verdammt gut aus. Seine Vorbilder waren Cary Grant und Humphrey Bogart. Das sagt meine Mutter noch heute. Er war immer lieb zu mir. Obwohl er wenig sagte. Er wählte sich eben die Momente gut aus, redete ich mir damals ein. Wenn Vater mit seinen Freunden Karten spielte, wurde er noch viel stummer. Es war richtig unheimlich. Doch wenn er dann endlich einmal etwas sagte, löste er meistens diese gewaltigen Lacher aus. Er konnte trockene Sprüche klopfen, aber nie auf Kosten seiner Freunde. Es gab etwas wirklich einmalig Komisches und Überlegenes, das diese stillen verschlossenen Männer hatten – wenn sie trockene Sprüche klopften, die man nicht erwartete.

Ein Abend war wie der andere. Nachdem ich meinem Vater beim Kartenspiel lange genug zugeschaut hatte und mich meine Mutter rief, gab ich meinem Vater einen Kuss. Er gab mir einen Kuss und nahm die Zigarette vom Aschenbecher, steckte sie wieder in seinen Mund, klopfte seine Faust auf den Tisch und spielte sein Kreuz-Ass.

Hans Kummer starb im April 1973 an Lungenkrebs, mit einer Stella Filter zwischen den Fingern. Ich vermisse ihn.

Als mein Vater längst begraben und meine Stiefschwestern eigene Wege gegangen waren, zog ich mit meiner Mutter in ein Haus an der Länggassstraße, fünf Gehminuten von der Neufeldstraße entfernt. Es waren fünf Stockwerke, ein Erdgeschoss aus Sandsteinquadern und drei Geschosse darüber aus Backsteinmauerwerk. Die Haustür war von zwei Säulen flankiert, auf denen Bären zu sehen waren; der eine blickte die Länggassstraße hinauf Richtung Toblerone-Fabrik, der andere die Straße hinunter Richtung Universität Bern. Ein herrschaftliches Haus, auch wenn dort keine herrschaftlichen Menschen lebten. Immer wieder träumte ich später sogar von diesem Haus. Die Träume waren sich ähnlich, sie drehten sich alle um das Hauswartsehepaar Küng.

Päuli Küng war jemand, der gerne eine Trainingsjacke von Puma trug, weißes Unterhemd, beige Safarihose von PKZ, Ledersandalen, schwarze Kniesocken. Wir nannten ihn Küng, *The King*, und ich war sein größter Fan. Er war nicht religiös, aber er sagte zu mir und meiner ersten Freundin Fränzi, dass Gott die Sonne sei, und wenn wir weiterhin draußen vor dem Haus schmusen und uns küssen würden, würde Gott uns verbrennen.

Er sagte: Auch wenn ich mal tot bin, Kinder, bin ich noch da, ich werde meinen Körper bewegen, als wär's ein warmer weiter Sack, und ich werde euch durch meine toten Augen anschauen! Sein Fußball-Gott hieß Kudi Müller, der aus Luzern kam und später für Hertha BSC Berlin im Sturm spielte.

Immer wenn ich Päuli am Morgen auf dem Weg zur

Schule begegnete, wurde sofort deutlich, dass er in der Nacht seinen Zorn vor dem Fernsehkasten wieder frisch genährt hatte, doch schien er ihn nicht fixieren oder ihm eine bestimmte Richtung geben zu können – der Zorn war einfach da und tappte blind in ihm umher, auf der Suche nach einem Ausgang.

Küng stand gerne mit der Faust in der Tasche vor dem Haus oder im Treppenhaus, verspeiste langsam sein Käsebrot und schlürfte seinen Kaffee. Manchmal rauchte er Brissago oder Rössli-Zigarren. Dann sah Päuli *The King* Küng wie ein richtig gemütlicher Mensch aus. Er war mein erster großer Anti-Held. Ich hasste und ich liebte ihn.

In seiner Wohnung hingen kleine Girlanden und Bänder und Sterne von Decken und Lampenschirmen. Er sammelte Bierdeckel. Er hatte keinen Hund, aber er unterhielt gleich drei Aquarien. Morgens wickelte er die Kaffeereste in die Zeitung, die gute alte Zürcher Weltwoche, und stopfte die Zeitung in den Abfalleimer draußen vor seiner Haustür. Er knirschte gerne mit seinem Kiefer. Er lachte gerne, wenn der Postbote auftauchte oder wenn die Kehrichtmänner kamen, der Milchmann und der Heizöllieferant. Ansonsten schien er nur darauf zu warten, dass die Welt wegen der Jugendlichen – wegen uns – langsam zerbröckelte.

Ich lag jetzt öfters mit meiner Freundin melancholisch im Bett, wo wir einfach die Decke anstarrten. Wir hatten gerade Schallplatten von Patti Smith, David Bowie und

Talking Heads entdeckt. Wir knutschten im Hauseingang, wir fuhren Mopeds der Marken Puch und Ciao, wir beobachteten den blassen regenschweren Himmel über Bern. Ich rauchte Mary Long und drückte sie gerne am Boden aus, an der Wand neben den Milchkästen oder im aufgerissenen Beton. Und ich war jetzt einer der talentiertesten Tennisjunioren im Lande. Weil ich den Ball im Spiel halten konnte, ohne dabei die Nerven zu verlieren. Weil ich zäh war, eine starke Topspin-Vorhand besaß und endlos rennen konnte. Sagten die Trainer. Im Winter fuhr ich Skirennen. Das machte meine Mutter glücklich. Ansonsten brachte ich bloß schlechte Meldungen nach Hause. Ich wäre trainingsfaul, sagten meine Trainer, abwesend, *irrational.* Aber mit gewinnendem Lachen und süßen krausen Haaren, behauptete unsere Kioskfrau, die Frau Messerli.

Meine Haare hasste ich, und ich würde sie mir bei der erstbesten Gelegenheit abrasieren. Doch das traute ich mich noch nicht. Und weil mir Mut fehlte, trieb ich es mit Provokationen und phantastischen Erzählungen auf die Spitze.

»Nur wenn du dich auf dich selbst besinnst«, schrieb mir mein Sekundarlehrer Fritz Lanz in einer schriftlichen Verwarnung am Ende meiner Schulzeit, »wirst du mit deiner eigenen Stimme sprechen und die Wahrheit so sagen können, wie du sie kennst, und nicht ständig nach dem Beifall des Publikums schielen.«

Ich wurde immer anfälliger, schamlos zu klauen und zu

lügen und trank jetzt gerne heimlich Gurten-Bier, reihte die Flaschen vor dem Hauseingang auf, so dass alle sie sehen konnten. Wenn eine Flasche umfiel und zerschlug, nahm ich eine Scherbe und ritzte damit kleine Zeichen in meinen Unterarm. Abends setzte ich mich ins Treppenhaus, las in einem deutschen Musikmagazin, das Sounds hieß, und wartete auf meine Freundin.

Manchmal stand ich nach der Schule mit Küng unten vor dem Eingang, und wir unterhielten uns über Amerika, Elvis, Gott und die Lügen der Menschheit. Wie zwei Typen, für die das Leben nicht richtig zu existieren schien. Dort, wo sich Küng aufhielt, konnte ich es gut aushalten: einfach die Welt anstarren, ein Bierchen trinken und dem Glück nachsinnen. Einer sein, der nie eine Stimme in dieser Welt haben wird – aber im Inneren seine Wildheit und seinen Zorn sammelt und nährt, um bald einen großen Privatkrieg gegen den Rest der Welt anzuzetteln.

Spätestens mit *Taxi Driver*, der in jenem Sommer bei uns in die Kinos kam, wurde ein Kinoheld geschaffen, der dieses Gefühl verkörperte. Punk war um die Ecke. Das erste Clash-Album, das am 8. April 1977 erschien, lieferte auch in der Schweiz den entsprechenden Sound. Punk gab einem Stärke. Man musste bloß anders sein, sich immer wieder eine neue Identität zusammenklauben.

Alles Vergangene wurde leer. Man wurde in dieser Leere fast unsichtbar. Das verlieh mir auch ein wohliges Gefühl. Ich wurde jemand, der sich selbst sabotiert.

Ich kleidete mich jetzt meistens schwarz und stellte mich im Dunkeln vor den Spiegel, um dieses Gefühl noch ein bisschen besser zu erkennen. Ich lief sinnlos durch die Altstadt von Bern und verlor mich in Träumereien von einer großen Flucht. Ich blätterte in dicken, ausländischen Hochglanz-Magazinen am Bahnhofskiosk. Oder ich hing stundenlang im Plattenladen herum und freundete mich mit dem Betreiber an, damit es keine Schwierigkeiten gab, wenn ich drei Stunden am Abspieltresen stand, ohne dass ich etwas kaufte, und die Kopfhörer an meinen nass geschwitzten Ohren festklebten. Ich erledigte auch gerne Lebensmitteleinkäufe für meine Mutter. Die *Migros* war ein tolles Lebensmittelgeschäft, und die Kassenfräuleins, wie wir sie hier nannten, hatten sich so was von lustig geschminkt und schön gemacht, weil sie eben auch ein bisschen im Rampenlicht stehen wollten.

Wenn gar nichts mehr half, begab ich mich in die Stille der ehrwürdigen Burgerbibliothek der Stadt Bern. Diese Bibliothek wurde meine zweite Heimat. Ich stöberte in Büchern französischer Autoren, weil mir ihre Namen aufregend erschienen: Baudrillard, Foucault, Derrida, Barthes, ich wählte Autoren nach dem Klang ihres Namens aus oder griff nach Titeln, die ganz besonders schön klangen und bekam vor Ehrfurcht Gänsehaut, wenn ich das ersehnte Buch endlich in der Hand hielt. *Semiologie des Films* von Christian Metz war so ein gewaltiges Buch. Mit einem gelben Leuchtstift fuhr ich über Sätze, die mir gefielen, weil ich sie nicht verstand. *Semiologie des Films* ist 1972 beim Fink Verlag in München erschienen, und ich empfehle es hier ganz offiziell. Das Originalexemplar habe ich aus der Burgerbibliothek in Bern entwendet, und es steht noch heute bei mir in Koreatown, über und über gelb angestrichen. Es ragen nur noch jene Sätze heraus, die ich nicht markiert habe.

Irgendwann entdeckte ich den Begriff *Autodidakt*, der genau zu meinem Leben Ende der siebziger Jahre passte. In der Schule fiel ich durch und galt als hoffnungsloser Fall. Stundenlang lesen und schwierige Sätze untersuchen fiel mir dagegen leicht. Zum Beispiel Roland Barthes: »Ist die beste Subversion nicht die, die Codes zu entstellen, statt sie zu zerstören?«

Schwarz ist alles, was ich trage.

Doch wenn ich traurig war, half mir weder das Schwarz noch mein neues Wissen. Ich konnte meine Tränen nicht kontrollieren. Irgendwo gab es ein tiefes, finsteres Loch in mir. Das war ein bisschen komisch. Denn ich sah überhaupt nicht nach finsterem Loch aus. Und meine Verwandten, Nachbarn und Freunde hätten weiß Gott nicht netter zu mir sein können. Bloß meine Mutter musterte mich immer strenger, als hätte sie längst erkannt, dass sich seit dem Tod des Vaters etwas geändert hatte.

Das Einzige, was mich in jener Zeit glücklich machte, war das Ausschauhalten nach MEHR. Dieses Schauen hatte mich bald im Griff. Ich klaute Stories aus Büchern,

Magazinen oder aus dem Fernsehen und erzählte sie meinen Freunden auf dramatisch aufgeblasene Weise weiter, als ob ich diese Geschichten tatsächlich selbst erlebt hätte. Um die Tristesse in Bern zu überleben, begann ich zu phantasieren. Wer mich mitten an einem verregneten Montagnachmittag fragte: Wie geht's, was machst du?, dem antwortete ich: bin auf dem Weg zum Reisebüro, einen Flug nach Afrika buchen. Ich hasste Fragen nach meinem Zustand. Immer diese Fragen. Wie es in der Schule laufe, und beim Tennis, und natürlich wollten alle bloß hören, dass ich in der Schule total versagen würde, weil ich zu viel Tennis spielte, und auch da würde ich es nicht schaffen, weil ich mich nicht konzentrieren könne, mir Ausdauer und Geduld fehlen würden, und ich überhaupt mit meinen Gedanken ganz woanders sei. Bald würde ich verwahrlosen. Womöglich im Gefängnis enden. So redeten die Leute, so stellte ich es mir zumindest vor. Das Leben war voller Heuchler, Schwindler und Korrektmenschen, die einem in Wahrheit nur das Schlimmste wünschten und vor Neid platzten, wenn man guter Laune war.

Die Lüge war ein praktisches Mittel, genau solche Leute zu verwirren. Verwirrung stiften – das war überhaupt die beste Antwort auf den ganzen Schwindel. Es war toll. Aber nie genug.

Ansonsten war mein Leben in den ersten sechzehn Jahren keineswegs übel. Ich sollte mich nicht beklagen. Und obwohl mir mit zunehmendem Alter immer klarer wurde, dass mir durch das ständige Inszenieren und Wechseln von Identitäten schlimme Dinge passieren könnten, gab es wenig, was mich wirklich beunruhigte oder nachts nicht schlafen ließ. Ich glaubte immer noch an Liebe, Leidenschaft und an das MEHR im Leben, das man sich einfach holen musste. Egal mit welchen Mitteln, egal mit welchen Angebereien. Natürlich diente alles nur dazu, ein bisschen Aufmerksamkeit zu erhaschen oder darauf hinzuweisen, anders zu sein. Dichter am Leben. Näher dran an der weiten Welt. Weil man schneller dachte, klaute und kombinierte als die anderen. Ich glaubte, allen klar denkenden Leuten würde es damals so gehen. Wie will man sonst überleben, hatte ich mich gefragt.

Und so stieß ich auf immer mehr Menschen, die unvorstellbar coole Sachen machten und ähnlich dachten wie ich. Ich wollte so sein wie sie, nur noch ein bisschen mehr. Ich wollte radikal mit meiner Vergangenheit brechen.

Für meine Bekannten verwandelte ich mich immer mehr zu einer außerirdischen Lebensform, die die Fähigkeit hatte, alles in Sekundenschnelle zu absorbieren. Entsprechend verlor ich auch sehr rasch das Interesse, sobald diese Gedankenverschmelzung à la Spock ihren Zweck getan hatte. Ich bekam rasch das Etikett *oberflächlich* angehängt, weil mich Leute selten länger als fünf Minuten interessierten.

Irgendwo saßen bei mir große fette Geschmackszellen, die mir ein sicheres Gefühl gaben, ob etwas wirkte und glänzte und Spannung erzeugte – oder einfach bloß fade war. Ich glaube, ich besaß eine besondere Form von Intelligenz, die mit Sammeln, Stehlen und *Sampeln* von bereits Bestehendem zu tun hatte, um damit große neue Welten zu entwerfen

Ich eignete mir eine Sicherheit im Beurteilen der Welt an, indem ich mir immer wieder einredete, genau zu wissen, was gut und schlecht ist, was wichtig ist oder bloß zweitrangig. Meine Könnerschaft testete ich bei endlosen Gesprächen mit Sympathisanten oder respektierten Feinden, und bald hatte ich den Mut, mich in immer größere Ideen, Menschen und Geschichten hineinzubluffen.

Das versetzte meinen Körper in Hochspannung. Die Muskeln begannen zu zittern, wie bei einem, den wir hier in Bern gewöhnlich *Schizo* nannten. Manchmal wippte mein Knie oder mein Fuß rasend schnell. Irgendein Superadrenalin floss durch meine Blutbahnen. Eine Freundin sagte einmal, dass ich vernichtend selbstbewusst wirke. Das nahm ich natürlich als Kompliment auf.

Meine Mutter wiederum lächelte mich immer seltsamer an, als würde sie wissen, dass etwas Schlimmes passieren werde, als stünde es aber nicht in ihrer Macht, daran etwas zu ändern.

Sie mochte mich als Tennisspieler. So oft wie möglich wollte sie mich in weißer Fila-Tenniskleidung und mit schwarzem Donnay-Schläger in der Hand sehen. So sah sie ihren Sohn am liebsten. Wie Björn Borg. Und auf dem Tennisplatz war ich einfacher zu durchschauen. Das mochte meine Mutter, für die ich sonst immer unheimlichere Züge trug. Sie war stolz, dass ich mich wenigstens zu einem talentierten jungen Tennisspieler entwickelte, ganz in den Fußstapfen des Vaters. Wenn sie für mich überhaupt eine Zukunft sah, dann als Sportler.

Mein Sekundarlehrer sah das anders. Für ihn war Tennis ein verdammter Angebersport, elitär und reine Zeitverschwendung. Ihn interessierten so natürliche Dinge wie Segelfliegen, Orientierungslaufen oder Basteln mit Laubsäge. Tennis stand ganz oben auf seiner Abschussliste sinnloser Freizeitbeschäftigungen. Wie überhaupt für viele Leute damals Tennis spielende Menschen *Angeber* und *Möchtegerns* waren. Nun kann ich mich nicht erinnern, was an unserem alten Tennisclub Neufeld angeberisch gewesen sein soll. Er war der Inbegriff eines netten, mittelständischen Tennisclubs, wo die Leute im Clubrestaurant selbst gemachten Eistee serviert bekamen. Diese Leute wussten zu jener Zeit gar nicht, was es hieß, anzugeben. Es gab einige Studenten der Uni Bern, die dort spielten, Leute von der GGB, einem Leichtathletikverein der Gymnasiastischen Gesellschaft Bern. Und es gab wirklich interessante Mitglieder: So spielte ich als zehnjähriger Junior im Clubturnier gegen den späteren Star-Reporter der Weltwoche, Hans Peter Born, ein vollbärtiger Sozialist, wie ihn meine Mutter fast liebevoll bezeichnete. Ein anderes Mal spielte ich gegen den späteren Direktor des Schweizer Fernsehens und früheren Salto-Mortale-Star, Andreas Blum. Der sauste wie ein Balletttänzer über den Platz und verlor gegen den zwölfjährigen Kummer in zwei Sätzen.

Ich wurde in ein Trainingslager der Schweizer Junioren-Nationalmannschaft eingeladen. Dort traf ich auf ein hoch gewachsenes Züricher Tennis-Ass namens Michael Ringier – den Verlegersohn und heutigen Herausgeber von Blättern wie Blick, Monopol oder der Schweizer Illustrierten. Michael Ringier diente als Assistent des Nationaltrainers und half mir beim Verbessern meines Aufschlags. Ringier besaß einen Klasseaufschlag, und im Gegensatz zu den meisten Sandplatzspielern spielte er ein aggressives geradliniges Tennis, er suchte den Sieg am Netz. Ich dagegen war ein typischer Konterspieler, operierte von der Grundlinie mit durchgeknallt überzogenen Topspin-Bällen, wartete auf die Fehler des Gegners. Meine Stärke war der Passierball aus unmöglichen Situationen, zu meinen Helden gehörte der Argentinier Guillermo Vilas. So wie er trug ich ein Fila-Stirnband und meine weiße Kleidung war meistens sandplatzrot verschmiert. Wie ein Maulwurf gruben sich meine Füße in den Boden, ich erkämpfte mir jeden Ball. Fast jeden. Mein Körper war süchtig nach Adrenalin. Und nach Zweikampf.

Und tatsächlich schien sich mein Leben im Sommer 1979 in Richtung einer Tenniskarriere zu bewegen. Ich lieferte meine erfolgreichste Saison und stieß auf Platz 15 der Schweizer Herren-Rangliste vor. Ich wurde sogar zu einem internationalen Junioren-Turnier in Paris eingeladen, wo ich im Viertelfinale gegen Yannik Noah antreten musste.

Yannik Noah, der damals gerade aus Kamerun ins

Französische Team geholt worden war – entdeckt vom ehemaligen Wimbledon-Sieger Arthur Ashe –, hatte den härtesten Aufschlag, den ich bis dahin von einem Sechzehnjährigen gesehen hatte. Bald galt er neben Henri Leconte als größtes Tennistalent Frankreichs.

Das Spiel gegen ihn wurde das wichtigste meiner Karriere. Vorerst konnte er mich nicht beeindrucken.

Meine Returns flogen butterweich und tief zurück in sein Feld, er machte zwar Druck, drängte mich in die Defensive, eilte oft ans Netz, wo ich ihn dann aber mit präzisen Passierbällen dominierte. Nachdem ich den ersten Satz nur ganz knapp verlor, gewann ich den zweiten klar und führte im dritten Satz deutlich mit 3:0. Dann passierte etwas.

Was war das? Eine Angst setzte ein. Der Sieg war greifbar nahe.

Jeder Sportler hat das schon erlebt. Und jeder, der groß wurde, musste sie überwinden können: Die Angst vor dem Sieg. Nicht irgendein Sieg, sondern ein besonderer Sieg, der die Weichen in die Zukunft stellen würde. Statt meine Qualitäten auszuspielen, wurde ich nachdenklich. Viel schlimmer noch: Ich spürte plötzlich eine schreckliche Einsamkeit. Das kannte ich von früher. Ich verlor Punkt um Punkt und fraß mich hinein in eine finstere Paranoia. Du denkst, die Welt hat sich gegen dich verschworen, und es gibt kein Entkommen mehr. Jeden Gedanken, der zwischen den Ballwechseln aufkam, betrachtete ich noch einmal zehnfach vergrößert von seiner Unterseite. So dachte ich zum Beispiel beim Stand 3:1, Aufschlag Noah: Es kann nichts Schlimmeres geben, als draußen in dieser Welt keinen Menschen zu haben, der an dich denkt. Schlimmer ist nur noch, wenn du irgendwie zu dumm bist, deine Chance zu packen und die Dinge in ihrer Einfachheit und Klarheit zu genießen. Zum Beispiel diesen verdammten Sieg jetzt einfach nach Hause zu fahren.

Noah gewann auch das nächste Spiel. 3:2. Nach dem Platzwechsel ging die Scheiße mit der Nachdenklichkeit weiter: Es gibt keine schlimmere Einsamkeit als diese Einsamkeit, sagte eine Stimme in mir. Ich trocknete meine Stirn ab, schüttete das völlig revolutionäre, schweizerische Energiegetränk Isostar der Firma Wander-Bern in mich hinein. Es half nichts. Es war, als würde ich aus einem Hubschrauber blicken und feststellen, dass die Erde verschwunden ist. Die absolute Einsamkeit. Scheiße, Scheiße, Scheiße.

Meine Konzentration brach zusammen. Ich legte mich mit dem Schiedsrichter an. Ich starrte auf die Tribüne, in Hunderte von Gesichtern hinter dem Zaun, die mir alle eine Niederlage wünschten. Und ich hätte sie alle mit meinem Schläger zu Brei schmettern können. Abgesehen vom Boxring gibt es keine deutlichere Form des Verlierens als auf dem Center Court. Dein Zerfall zeigt sich total und minutiös.

Ich legte mich mit Zuschauern an. Mein Coach fragte

mich, was los sei. Ich antwortete unverständlich und wollte es auch sein. Ich solle mich zusammenreißen, sagte mein Coach: ein Tscheche namens Stojan, der schon Ivan Lendl entdeckt haben soll. Ich wollte mich allenfalls dahingehend verständigen, dass ich mich nicht mehr verständigen wollte. Was zum Teufel war los mit mir? Wieso wurde ich in wenigen Minuten erbärmlich *soft*? Warum war der Impuls zur Selbstzerstörung so groß? Ich biss in einen Tennisball und wurde dafür verwarnt. 3:3. Ich zerhackte meinen Schläger am Schiedsrichterstuhl. 3:4.

Es kam noch schlimmer:

Beim Stand von 3:5 und 30:15 schlug Noah einen Schmetterball gegen meinen Schädel. Ich hatte den Ball nicht kommen sehen. Zum Glück traf er mich nicht im Auge, sondern an der Stirn. Es vergingen zehn Sekunden, in denen ich scheinbar das Bewusstsein verloren hatte. Später konnte ich mich jedenfalls nicht daran erinnern, dass ich auf dem Sandplatz zusammengebrochen sein soll.

Das Match spielte ich trotzdem zu Ende. Kein schlechtes Ende: Ein Tennisball streckte mich nieder – abgefeuert vom großen Yannik Noah.

Doch was hatte sich in jenen zehn Sekunden ohne Bewusstsein abgespielt? War etwas in meinem Schädel zerschlagen worden oder hatte sich in diesen Sekunden meine Persönlichkeit verändert?

Bald wurde ich ein guter Verlierer, und die Regel, die mir weiterhalf, ging etwa so: Messe dem, was du scheinbar mit großer Ernsthaftigkeit betreibst, keinen zu großen Wert bei. Die Wirklichkeit ist enttäuschend. Stattdessen amüsiere dich über den Wirbel, den du verursachst.

Jetzt, nach der Niederlage, würde das richtige Leben beginnen.

Fluchtpunkte

Aus dem Weltraum betrachtet, funkelt der südkalifornische Raum als hellstes Ballungsgebiet auf dem Planeten Erde, umgeben von der Schwärze der Wüste und des Pazifiks. Wenn Außerirdische einmal bei uns landen sollten, dann wohl hier – auf dem Starkörper unseres Planeten.

Noch immer sitze ich auf unserem alten viktorianischen Sofa und blicke in die Lichter von Downtown. Ich beobachte die neunte Straße. Die Lichtkegel zweier Taschenlampen tanzen unter einem schrottreifen Auto. Zwei Männer mit nackten Oberkörpern reparieren seit dem frühen Abend Motor und Aufhängung eines Honda Accord. Sie hantieren mit der hektischen Verzweiflung von Männern, die im Morgengrauen ohne Auto ihren Job verlieren würden.

Hubschrauber gleiten jetzt über unser Haus. Das Klopfen der Rotorblätter wird stärker, die Fenster zittern. Ich nehme Nina in die Arme, rappele mich hoch und trage sie ins Schlafzimmer.

Ich lege sie auf unser Bett. Sie krümmt sich sofort auf ihrer Seite zusammen, so dass sie keine dreißig Zentimeter von der Matratze einnimmt. Wie immer versucht sie sich so hinzulegen, dass sie mich im Schlaf nicht versehentlich anstoßen kann – selbst wenn ich gar nicht im Bett liege. Es sei, als stünde ich unter Strom, sagt sie manchmal. Ich knie mich über sie und küsse sie auf die Stirn. Nina wickelt jetzt die Bettdecke um ihre Schultern und zerrt dabei das Laken am Fußende heraus. Ich sehe, dass die Matratze löchrig und von Flecken übersät ist.

Ich beuge mich über Jacks Krippe, kontrolliere seinen Schlaf. Dann gehe ich zu Henry. Meine Hand fährt durch seine Haare. Ich schließe die Schlafzimmertür sorgfältig hinter mir zu. Durch die Jalousien im Badezimmer kann ich erkennen, wie der scharfe Strahl der Suchscheinwerfer über das Dach gleitet, dann weiter in eine der vielen schmalen Seitengassen. Polizeisirenen heulen auf, irgendeine Verfolgungsjagd ist im Gange. Einer der Strahler berührt für Sekunden unser Wohnzimmer.

Ich setze mich an den Kummer-Tisch. Mein Hinterkopf wird angeleuchtet und wirft einen Schatten auf die Tischplatte, wo sonst der Computer steht oder Teller, Löffel und Gabel liegen.

Ich weiß nicht, wieso ich mich den Verfolgten immer näher fühle als den Verfolgern. Vielleicht hat dieses Gefühl zugenommen, seit ich von ehemaligen Kollegen öffentlich als kriminell bezeichnet wurde.

Kriminell ist ein starkes Wort. Spürt man als Autor, wenn man sich beim Schreiben strafbar macht?

Ich lehne mich zurück in meinen Arbeitsstuhl. Eigentlich müsste ich die Antwort kennen. Vielleicht sollte ich

Bänder finden aus den achtziger Jahren, die mir mehr erzählen über jene Zeit, als ich die Schweiz verlassen habe, in Berlin eine neue Identität erfand und mit dem Schreiben begann. Doch aus diesen Jahren gibt es keine Bänder. Und ich erinnere mich so schlecht an jene Zeit: Kunstszene, Tödliche Doris, Salome, Ter Hell, Blixa, Admiralstraße, Kotti, O-Straße, O-Bar, SO 36, Tresor, Nan Goldin, Büro Berlin, Tennis Borussia, Dschungel. Alles irgendwie vergessen. Doch genau da müsste ich meine Erinnerungen wieder aufnehmen, um mir mehr Klarheit zu verschaffen über mein kriminelles Potential.

Ich nehme einen Schluck säuerlicher Milch aus Jacks Babyflasche und drücke die Playtaste des Panasonic, es ist ein Band aus dem Jahr 1994: »*Peep ... Hallo Tom, Walter in Hamburg. Wir schicken dich nach Chile, hast du Zeit. Es eilt ein bisschen. Ruf mich in der Redaktion an.*«

Es ist die Stimme von Walter Mayer, dem damaligen Tempo-Chef und heutigen Chefredakteur der BZ. Er wollte, dass ich eine Geschichte über den Enkel von Erich Honecker recherchiere. Dazu sollte ich nach Santiago fliegen, Margot Honecker aufsuchen und herausfinden, wo der Enkel steckte. Er sei kokainsüchtig, behauptete Walter. Er sei komplett abgestürzt. Eine Wahnsinnsgeschichte.

Widerstandslos werde ich jetzt sehr traurig. Ich versuche zu überlegen, was mir Walter Mayer bedeutet hat. Ich bin sogar sicher, er hat mir sehr viel bedeutet. Aber was? Damals im Redaktionsbüro warf er mir manchmal so Blicke zu. Grinsende Blicke. Als hätte er den ganzen

Wahnsinn einer journalistischen Karriere schon damals total durchschaut. Dass es nämlich darum ging, wie überall, einfach sehr oft und sehr lange am Schreibtisch zu sitzen, zu schweigen, zu grinsen und im richtigen Moment einige eindeutige Sätze zu sprechen. Aber natürlich war das nicht alles. Walter Mayer gehörte damals bei Tempo für mich zu den am meisten unterschätzten Mitarbeitern. Die wahre Sensation an diesem Menschen war jedoch, dass er echt denken konnte. Ich bezweifle, dass er französische Dekonstruktivisten studiert hat. Musste er auch nicht. Einer wie Mayer liest drei Sätze Foucault und schmeißt zehn Sekunden später der deutschen Nation die Schlagzeile ins Gesicht: SCHWULER SEX MACHT KLUG. Und ich wette auch: im Falle einer Totalkrise der deutschen Printmedien holt nicht Ulf Poschardt den Sieg nach Hause, sondern es wird heißen: Walter Mayer rettet Deutschland.

Je mehr ich in sinnlose Erinnerungen tauche, desto schneller schlägt mein Herz. Ich habe riesige Löcher in meinem Gedächtnis. Und je mehr mir klar wird, dass eindeutige Erinnerung nicht zu haben ist, desto deutlicher sehe ich einen grauen Raum in meinem Kopf. Hier gibt es keine Jahreszeiten mehr, keinen Wind, keinen Regen, keine Sonne. Es gibt nichts mehr, das dir eine Vision des Lebens schenkt, keinen Menschen, der deine Seele tröstet. Dieser Ort ist Einzelhaft. Man schmort im Nichts. Die Zeit senkt sich auf dein Leben herab wie der Deckel eines Sargs, der vor deinen Augen langsam zugemacht wird. Das ist das Leben danach – nach dem Marktgeschrei der

Eitelkeiten, nach der Karriere als so genannter Star-Interviewer. Ich spüre jetzt einen Polizeischeinwerfer im Nacken und versuche dabei, mein Leben als Flüchtender im Vergleich zu meinem Leben als Suchender zu verstehen. Aber auch das gelingt mir nicht. Draußen lauern die Nachtsonnen. Sie streifen rein zufällig immer wieder unser Haus. Das Zentrum der Ausleuchtung gilt einem Wohnblock zwei Straßen weiter, Hobart-Avenue, Ecke 8th Street.

Früher, in der totalen Stille der Berner Burgerbibliothek, oder bei sinnlosen Spaziergängen durch die Berner Altstadt, trug ich immer den *Spiegel* mit mir herum und las ihn von vorne bis hinten. Diese skeptische Allwissenheit, die an allem zweifelt, außer an sich selbst – das hat mich stimuliert und meinen weiteren Weg entscheidend beeinflusst. Der Spiegel hat es perfekt verstanden, so zu tun, als hätte niemand sonst wirklich etwas zu sagen. Das war beeindruckend, besonders für Nicht-Akademiker, Leute mit unsicherem Selbstwertgefühl, die trotzdem den Anspruch hatten, alles ein bisschen verstehen zu wollen.

So hat mich der Spiegel Anfang der achtziger Jahre perfekt auf meine erste reale Flucht vorbereitet: von Bern nach Berlin. Ich hatte zwar einen Schweizer Pass in der Tasche, aber vor Deutschland und den Deutschen fürchtete ich mich längst nicht mehr. Der Entschluss, von Zuhause fort zu gehen, schien endgültig. Ich war in Hochform, voller Energie und Ideen, laut und despektierlich, boshaft und schnell im Denken. Es gab niemand, dem ich mich verpflichtet fühlte. Ich musste mich nur noch von meiner Mutter verabschieden. Doch das fiel mir schwerer als erwartet.

An einem grauen Schweizer Sonntagabend im Winter 1983 aßen wir Berner Rösti mit Bratwurst und einen feinen grünen Salat mit einer erstmals im Angebot aufgetauchten Fertigsalatsauce der Firma Thomy.

Meine Mutter fragte mich ein letztes Mal, was ich denn nun eigentlich werden wollte. Eine verständliche Frage, kurz vor dem Abschied. Es war ihr immer wichtig, mir moralische Werte zu vermitteln. Besonders, seitdem Vater gestorben war. Schließlich hatte sie mit mir, dem Sechzehnjährigen, schon über den staatlichen Gesundheitsdienst geredet, über die Schweizer AHV und darüber, warum der deutsche Bundeskanzler Helmut Schmidt wichtig für Europa und die Schweiz sei. Wir haben natürlich auch über die obdachlosen Heroinabhängigen in der Schweiz gesprochen, die Besetzung der Berner Reithalle und darüber, wieso ich mich dazu hatte hinreißen lassen, vor das Bundeshaus zu marschieren und Steine zu werfen. Wir redeten über die Berner Tageszeitung *Der Bund*, der 1980 meine ersten journalistischen Texte druckte; Fernsehkritiken über den *Internationalen Frühschoppen* oder den *Schwarzen Kanal*, kleine Artikel, mit denen meine Mutter wenig anfangen konnte. Ich spürte ein letztes Mal, dass sie im Grunde immer dachte, aus mir würde nichts werden; jede Mühe war umsonst gewesen.

An jenem Abend sah sie mich an und weinte.

Ich stand vor ihr, in Kampfstiefeln, Armeehose und einem schwarzen T-Shirt mit einer japanischen Comicfigur, die auf meine Mutter herablachte. Ich schulterte meinen Armeerucksack und trank den letzten Schluck Hagebuttentee, den Heidi Kummer für ihren Sohn zubereitet hatte.

Schreckliche Momente, im Rückblick.

Aber das merkte ich natürlich nicht. Weil ich nur mich selbst reden hörte. In drei Stunden wollte ich bei Weil am Rhein die deutsche Grenze überqueren und dann weiter Richtung Norden fahren.

Wieso bist du so hart zu dir und zur Welt, fragte mich meine Mutter zum Abschied.

Eine berechtigte Frage.

Wenn ich mich richtig erinnere, antwortete ich ihr, dass ich die Heuchelei hassen würde, die überall in der Gesellschaft vorherrsche. Und auch die Heuchelei in den Medien. Meine Mutter schüttelte bloß den Kopf.

Was haben die Medien und die Gesellschaft mit deiner Abreise zu tun? Und wovon willst du leben?

Das Leben wird so eine Art Film werden, dachte ich.

Geld spielt keine Rolle, sagte ich.

Und wo wirst du in Berlin leben?

Ich kann dort eine Weile in einer Fabriketage eines Freundes unterkommen.

Um meine Mutter zu beruhigen, sagte ich: Übrigens heißt dieser Freund lustigerweise auch Kummer, Raimund

Kummer. Er ist Künstler, einer aus dem Büro Berlin, das ist eine Künstlergruppe, ungelogen, ein sehr netter Mensch. Du würdest ihn mögen.

Meine Mutter schwieg.

Am Ende sagte sie, dass ich vor irgendetwas fliehen, dass ich vor der Realität flüchten würde. Und wenn Mütter so reden, haben sie meistens irgendwie recht.

Zwanzig Jahre später fragte mich der ehemalige Tempo-Kollege und spätere Spiegel-Kulturredakteur Wolfgang Höbel in einem Telefoninterview, wie es zu den Hollywood-Interviews gekommen sei. Er wollte, wie alle anderen, wissen, was echt sei an meinen Interviews und was gefälscht, was meine Auftraggeber gewusst hätten und was nicht. Und ich sagte spontan, weit nach Mitternacht, Pacific Time, irgendetwas von einer *Implosion des Realen.* So stand es dann auch als Titel über einer Spiegel-Story zum Fall Kummer.

Meine Mutter mag sich gefragt haben, was das nun wieder heißen soll.

Nan Goldin in Berlin

Berlin, Winter 1983. Es schneite. Einzug in eine Fabriketage, Kreuzberg, Admiralstraße 17, Hinterhof, Aufgang links, zweiter Stock, keine Heizung.

Ein Leben bei Temperaturen um den Gefrierpunkt begann, eingehüllt in einen Sherpa Tensing Daunenanzug; darunter lange Unterwäsche, die mir meine Mutter schon vier Tage nach meiner Abreise nachgeschickt hatte. Im Kopf war die Kälte leichter zu ertragen. Einfache Lösung: Dreh die schlechte Nachricht um, verwandle sie in eine gute. Inszeniere eine Art existentialistische Phase. Immerhin lebte ich jetzt im großen Deutschland. Berlin, hieß es, war aufregend.

Im Vorderhaus hingen die Besetzer herum, geboren in den Sechzigern, im Hinterhaus die Künstler, geboren in den Fünfzigern, im ersten Geschoss eine vom Aussterben bedrohte klassische Berliner Familiendruckerei, gegründet 1917, und im Erdgeschoss residierte ein durchgeknallter Automechaniker namens Hansi, geboren in den Vierzigern. Die Besetzer hießen Mao oder Raffi, liefen den ganzen Tag in schweren Militärstiefeln herum und redeten vom Klassenkampf. Ich blickte da nicht wirklich durch. Den heiligen Ernst der älteren Revolutionäre und Anarchos hielt ich jedenfalls für ein Hindernis auf dem Weg zum MEHR. Da begannen schon die Missverständnisse zwischen Mao, Raffi und mir. Für sie waren die Tempo-Leute Schickimickis, die Künstler waren sowieso Egoschweine, und Leute wie ich, ja, was waren die? Verrückte Schweizer.

Mein Namensvetter Raimund Kummer hatte ein DAAD-Stipendium erhalten und war für ein Jahr nach New York gegangen. Dass es keine Heizung in seiner Fabriketage gab, sondern nur ein riesiges Loch, das in der Wand gähnte und den Blick Richtung Ost-Berlin freigab, das hatte er mir allerdings verschwiegen. Auch war keine Rede davon gewesen, dass Dusche und WC hinter einem Glaskasten installiert waren, wo man den Blicken der Gäste ausgeliefert war. Natürlich liebte ich das Loch in der Wand – für den Fall, dass die Sonne hier jemals scheinen würde.

Und sonst: Brandmauern, smarte Wandsprüche von Sprayern, Einschusslöcher, Mettbrötchen, Heringbrötchen, Berliner Punks, die Härte der Kassenfräuleins bei Kaiser's am Kottbusser Tor, türkische Restaurants, überhaupt der ganze Türken-Schick, die Schultheiss-Stuben, Männer mit schweißiger Haut und fettigen Haaren, die schon morgens klimpernde Schnapsfläschchen in einer Plastiktüte nach Hause trugen.

Ich sprach gut an auf die in Berlin auf hohem Niveau vorgeführte Prollkultur, die mich womöglich an Päuli

Küng, mein Hauswarts-Idol aus der Länggasse, erinnerte. Es gab nichts Schöneres, als Herrn und Frau Motzki in Kreuzberg zu beobachten, wie sie schon morgens um acht in einer Gaststube saßen, Berliner Kindl tranken und nur darauf zu warten schienen, dass die Zeit verging.

Nie vergessen werde ich aber den Tag, an dem ich mich zum ersten Mal an eine Schreibmaschine setzte und meine Gedanken und Beobachtungen zu Papier bringen wollte.

Es war Mitte Januar 1985. Ich benutzte die alte Adler-Schreibmaschine von Raimund Kummer. Meine ersten ernsthaften Schreibversuche galten einem Tagebuch.

Ich verwandelte mich in eine fiktive Figur, in den jüdischen RAF-Aussteiger Samuel Rachow, und berichtete von meinem ganz gewöhnlichen Alltag. Der Bericht enthielt deutliche Spuren der Prollkultur, die ich als Hintergrund für diese hochexplosive Figur benutzte. Dabei stellte sich das Atelier von Raimund Kummer als ideale Szenerie für dieses erste literarische Projekt heraus. Mein fiktives Protokoll beschrieb eine Art Sleeper-Zelle, in der der Ex-RAF-Terrorist untergetaucht war. Ich inszenierte seine Beobachtungen, seine Launen, seine Ängste und seinen Wahn. Es war mein eigener Alltag.

Als dieses Protokoll bereits nach drei Wochen zweihundert Seiten umfasste, schickte ich es dem Spiegel-Kulturjournalisten Urs Jenny, einem Schweizer. Ich schickte es ihm unter dem Namen Tom Skapoda-Kummer – ein Verweis auf einen New Yorker Malerfreund.

Es dauerte nicht lange, bis ich Post erhielt: einen Brief mit dem offiziellen Spiegel-Signet. Beim Öffnen des Briefes bekam ich eine Gänsehaut. Jenny fand den Stoff *hochinteressant*, er wollte sich mit mir so rasch wie möglich in Hamburg treffen und über eine Veröffentlichung des Terroristen-Tagebuchs sprechen.

Natürlich war das ein großer Moment. Man kann es rückblickend lächerlich finden, sich darüber dermaßen zu freuen. Für mich war der Brief wie ein verspäteter Bescheid meines Lehrers, dass ich die Abschlussprüfung der Sekundarschule Hochfeld doch noch mit Bravour bestanden hätte.

Ich war aber auch auf eine Art geschockt, weil mir jetzt erstmals klar wurde, dass ich schreiben konnte. Doch nachdem ich Jenny – aus blödsinniger Ungeduld und in der noch blödsinnigeren Hoffnung, er würde mein Schreibtalent gleich mit einem Jobangebot beim Spiegel honorieren – die wahre Identität hinter Rachow offenbart hatte, brach der Kontakt ab.

Am Kiosk entdeckte ich die Zeitschrift Transatlantik – ein Magazin, das die Verbindung von Journalismus und Literatur förderte. Einem Herrn Jörg Fauser, damals Chefredakteur, schickte ich meinen ersten journalistischen Text mit dem Titel *Verpasste Augenblicke – Tennis für Fortgeschrittene.* Ein Mann namens Reinhard Hesse, stellvertretender Chefredakteur, rief mich einige Tage später an und kaufte den Text. Für 1800 Mark. Ich konnte mein Glück kaum fassen. Zum ersten Mal wurde ich veröffentlicht! Und gut dafür bezahlt. In *Verpasste Augenblicke* sah ich mir ein Tennisspiel im Fernsehen an, und alles, was ich tatsächlich für wichtig hielt, spielte sich neben dem tatsächlichen Spiel ab: Die Zuschauer waren die Stars, nicht die Spieler. Die Details neben dem Center Court – das Pariser Publikum, das Popkorn – waren glamouröser, aufregender, intimer.

Das Stück war allen Fernsehzuschauern gewidmet, deren Tragik es war, nur Publikum zu sein. Damals dachte ich: Dagegen müssen wir rebellieren. Wir, die Zuschauer, sind die besseren Regisseure, die besseren Berühmtheiten. Unsere Macht beginnt dort, wo wir uns gegen die Hierarchie von Machern und Empfängern wehren.

Verpasste Augenblicke beschrieb eine Vorahnung. Öffentliche Aufmerksamkeit sollte zu einer neuen Währung werden, die tatsächlich mehr und mehr den Wert des Einzelnen bemessen würde. Es begann das Zeitalter des schnellen Ruhms.

Zu jener Zeit, als auch irgendwann Nan Goldin mit ihrer Leica M6 in meinem Leben auftauchte, war es sehr oft schrecklich grau, kalt und nass in meiner neuen Heimat. Ich war nicht gerade getrieben von einer Sehnsucht nach Liebe oder Zuneigung. Jedenfalls kann ich mich nicht daran erinnern. Notebooks und PCs lieferten noch keine Ablenkung, bloß Kinos und Bars und Cafés, also verbrachte man dort sehr viel Zeit und redete sich gegenseitig zu

Tode. Oder man schaute Fernsehen. Ich starrte in meiner neuen Heimat täglich vier, fünf Stunden auf die Mattscheibe. Ich glaube, ich schaute mir vor Langeweile und Einsamkeit sogar das Sandmännchen an. Auch das Berliner Abendjournal fand ich sehr lustig, besonders wenn dort über neue Baustellen berichtet wurde. In welcher Stadt der Welt wird schon täglich über neue Baustellen berichtet?

Ansonsten schreckte ich vor keiner noch so heißen Diskussion mit irgendeinem Berliner Intellektuellen zurück, sei es über die Leistungen der Sozialdemokraten während der Ära Willy Brandt, die Bedeutung der Spiegel-Affäre, den Aufstieg der Grünen oder den Abstieg von Wim Wenders. Immer stärker entwickelte ich ein besonderes Interesse an Alltagsphänomenen, die später bei Tempo als Prollkultur thematisch geplündert werden sollten und Einzug in die Popkultur finden würden.

Sicher hatte dieses Interesse mit meiner schweizerischen Sicht auf Deutschland zu tun: die Ästhetik der Schultheiss-Stuben – mit trinkenden Männern und Frauen und einem riesigen Pit Bull, der unter dem Barhocker schläft – wirkte umso anziehender. Es waren friedliche Bilder der Verstörung, wie ich es aus meinem Quartier Länggasse nicht kannte, vielleicht weil wir Schweizer diese Sorte von Verprollung gar nicht zulassen können. Weil wir wohl denken: Schweizer sind mit einem Recht auf das Mittelständische geboren worden und rangieren weit über dem vermeintlich primitiven Leben der anderen. Oder hat man sich an der Costa Brava oder auf Mallorca jemals über die primitiven Schweizer beklagt?

Schon nach wenigen Wochen in Berlin lebte ich sehr authentisch. Ich mochte Döner Kebap. Ich fuhr einen tiefer gelegten, grau-metallic-farbenen Mercedes 350 CE, den ich einem arbeitslosen Türken vom Hermannplatz spottbillig abgekauft hatte. Ich investierte in einen Blaupunkt-Verstärker. Und ich eröffnete ein Bankkonto bei der Deutschen Bank am Mehringdamm, wo ich eine Frau Brecht kennen lernte, die noch heute, zwanzig Jahre später, mein Geld verwaltet.

In meiner Nachbarschaft, in Kreuzberg SO 36, begegnete ich Gleichaltrigen, die alle aus einem Guss waren: Kunstschaffende, Besetzer, Studenten oder sonst politisch Aufgeladene. Wir redeten fast ausschließlich über postmoderne Themen, ohne genau zu wissen, was das bedeutete. Meistens ging es um das Verhältnis von Realität und Simulation, so wie ich es schon Jahre zuvor in der Burgerbibliothek bei Jean-François Lyotard zum ersten Mal gelesen hatte. Also um eine Neudefinition von Realität. Um die Realität als Show.

Mao und Raffi und andere kampfwillige Berliner Anarchos hatten längst bestes Showtalent bewiesen. Der 1. Mai war ihre Oscar-Zeremonie. Studenten erfanden neue, irritierende Parolen zur Lahmlegung des Betriebs. Künstler mischten die erstarrte Galerie- und Museumsszene auf.

Es war wirklich ganz einfach: Wir sind in die vom Schein beherrschte Welt hinein geboren worden, deren bestimmendes Element die SHOW ist. Das wollte damals bloß niemand richtig zugeben. Der Begriff SHOW gehörte in Deutschland Leuten wie Rudi Carrell oder Kurt Felix. Wie jeder weiß, gibt es in der SHOW keine Wahrheit, bloß Effekte.

Erstmals traf ich jetzt auf Leute, denen der Begriff *New Journalism* nicht fremd war und die mir erklärten, dass der deutsche Journalismus sich längst hinter eine fade scheinbare Objektivität zurückgezogen hätte, die unter Fakten jedes Leben begraben würde. Leute, die Mitte der achtziger Jahre so über Journalismus redeten, hatten sich längst vom Spiegel verabschiedet und lasen fast ausschließlich amerikanische oder englischsprachige Publikationen: The New Yorker, Esquire, The Independent und ganz besonders Vanity Fair.

Als ich diese Zeitschrift erstmals von meinem Freund Egbert ausgeliehen bekam, an einem heißen Sommertag im Café Savigny, da leuchtete mir etwas bisher Unbekanntes ein: Es existierte ein Glamour-Journalismus, der unter der grellen Oberfläche eine philosophische Botschaft trug. Man konnte irgendein aktuelles Boulevard-Thema nehmen, sagen wir die damalige Nachricht von der Aids-Erkrankung von Rock Hudson, und daraus eine Story spinnen, die drei Jahrzehnte Filmgeschichte in einem völlig neuen Licht erscheinen ließ. Wie das funktionierte? Das Skandalträchtige einer Nachricht war eben nur der Aufhänger. Einer der Autoren, der die Vermischung von Mainstream-Trash und Literatur perfekt beherrschte, hieß Dominick Dunne. Das Studium seiner Stories in Vanity Fair lieferte viele brauchbare Erkenntnisse. Glamourjournalismus dieser Sorte aber wurde in Deutschland Anfang der achtziger Jahre von so genannten Qualitätsjournalisten immer noch abgelehnt.

Doch das postmoderne Berlin war nicht abzuschütteln. Täglich begegnete man irgendeiner neuen verwirrenden Simulation: ob in der Mode oder im Alltag. Besonders die Bar- und Clublandschaft schien von einer Armee kreativer junger Menschen angeführt zu werden, die die Ehrenmedaille der Genialen Dilettanten verdient hätte. So entstanden damals so traumhafte Orte wie die Bar Kumpelnest 3000, meine zweite Heimat.

Besonders das Zitieren von Namen und Stilen hatte Hochkonjunktur. Titel und Namen, heute schlicht *Brands* genannt, wurden die größten Bedeutungsträger meiner Sprache. Warum sollte man sie nicht massiv verwenden, um die Dinge gleich eindeutig klarzustellen? Statt lange darüber zu streiten, was einer dachte, sollte er gefälligst Namen von Leuten oder Produkten nennen, auf deren Wissen, Haltung und Meinung er sich stützte. Ich selbst inszenierte Überlegenheit, indem ich so tat, als ob ich zitierte Personen persönlich kennen oder zitierte Produkte längst besitzen würde. Dabei vermischte ich eine Prise Bernerische Bescheidenheit mit einem gut dosierten Hauch von Angeberei, was meistens das gewünschte Ziel erreichte: eine wahre Lüge.

Ich hörte zum ersten Mal Leute über die Erweiterung von Kunstbegriffen und Medientheorien reden. Smartes Namedropping war besonders unter einer neuen Garde von karrieristischen Künstlern sehr populär – ich nenne sie so, weil ihre Art zu reden interessanter war als ihr Werk –, die mit gnadenloser Ironie alles abfertigten, was sich ihnen in den Weg stellte.

Die größten Könner unter diesen genialen Selbstdarstellern waren auch gleichzeitig die angesagtesten Künstler, von denen man in der Paris Bar oder im Exil gratis Unterricht erteilt bekam. Gab es eine bessere Ausbildung für einen jungen unbedeutenden Schweizer, als eine Stunde neben einem Giganten wie Martin Kippenberger zu sitzen und ihm bei einem Monolog zuzuhören?

Am nächsten Tag war alles wieder verblasst, und ich fragte mich oft, ob der vergangene Abend bloß Zeitverschwendung war. Bis mir später jemand wie John Baldessari erklärte, dies alles sei Teil eines Systems mit dem Namen Networking.

So war 1984 das Jahr der vielen großen Abendessen und der Begegnungen, bei denen der winzige Schweizer den Künstlerfürsten zuhören durfte. Die Essen waren meistens von Personen organisiert, die nur lose mit der Szene verbunden waren, aber über Geld oder über eine erstklassige Location verfügten, was sie in den Augen der Künstler oder Kunstszenegrößen wichtig oder nützlich machte. An solchen Abenden, zu denen ich anfänglich durch die Vermittlung von Raimund eingeladen wurde und zu denen ich mir später eigenen Zugang verschaffte, stieß ich auf Leute, die keinen bleibenden Eindruck auf mich hinterließen, sondern eher verstörend und idiotisch selbstverliebt wirkten. Ich hatte manchmal keine Ahnung, mit welchen Göttern ich da am Tisch saß: Harald Szeeman, Bazon Brock, Tony Oursler, Kiki Smith, Franz West, Jeff Koons, Gerhard Richter, Jörg Immendorf, Olaf Metzel, Salome, Rainer Fetting, Richard Serra, auch unzählige scheinbar aufregende Menschen aus der Region Köln und Düsseldorf oder sonst aus diesem Restdeutschland, das ich nicht kannte, Leute die hier in Berlin mit großen Reden und Theorien auftrumpften, die sich gar nicht nach der Kunst, sondern nach einem Text oder nach einem Philosophen richteten. Zum ersten Mal hörte ich den Begriff *Autorenkurator*, und diese Leute, die nicht wirklich Künstler waren, sondern wie so eine Art theoretisch geschulte *Sidekicks* aller Kulturschaffenden aufgetreten sind, hielten die lautesten Reden. Bald würden solche Leute die Kunstszene dominieren, und ihre größte Waffe war DAS KONZEPT.

Das Selbstbild dieser Leute schien extrem instabil und mit Aggressivität aufgeladen zu sein. Immerhin lernte ich von Tony Oursler, wie man mit Identitätsverwirrungen umgehen konnte. Er erzählte mir einiges über Sehprozesse, wie die Kamera unser Sehen und wie die Einführung von Video-8-Kameras überhaupt alles verändern würde. Für eine Weile löste meine erste Videokamera den Spiegel und die Frauen als Hauptwerkzeug der Selbstvergewisserung ab. Ich konnte mich jetzt zu Hause jederzeit aufnehmen und anschauen.

Meine Kontakte zu Frauen waren infolge dieser narzisstischen Videospielereien und durch meine Ich-Besessenheit für einige Monate sehr eingeschränkt. Aber es gab Ausnahmen. Ich lernte eine New Yorkerin kennen, die einige Nächte mit mir verbrachte und die ich nie vergessen werde, weil sie mir zum Abschied ein wunderschönes Bowie-Stellmesser schenkte. Sie hieß Kiki Smith, daran kann ich mich erinnern, und sie sagte irgendwann mal, dass sie in mir eine *positive kriminelle Energie* erkenne, die ihr gefalle. Darum müsse ich auch ein Messer besitzen, um genau dem Ausdruck zu verleihen. Trotzdem sagte Kiki Smith dann ganz mütterlich, weil sie einige Jahre älter war als ich: Ich solle aufpassen. Aufpassen! Dann war sie weg (erst kürzlich bin ich wieder auf Kikis Namen gestoßen, und zwar auf einer Forbes-Liste der am höchsten dotierten amerikanischen Gegenwartskünstler).

Von Liebe konnte man bei diesen Affären nie richtig sprechen. Und das war auch gut so. Denn ich konnte nichts in meinem Leben weniger gebrauchen als einen Menschen, der wichtiger war als ich selbst. So war es für mich eher quälend, eines Nachts im Dschungel einer Berliner Kopie von Godards Lieblingsschauspielerin Anna Karina zu begegnen und mich darauf einzulassen, mit ihr nach Hause zu gehen. Dort wurde ich mit ihrer brutal eifersüchtigen Lebenspartnerin konfrontiert – eine verfrühte Kopie von Sinead O'Conner auf schlechtem Speed, die mich dann aus der Wohnung warf.

Die aufregendsten Menschen wurden immer schwieriger *zu lesen*: Ich verliebte mich in intellektuelle Pin-up-Girls, einen Monat später in eine todesmutige Feministin mit einem Hang zu schnellen italienischen Autos. Und Anna Karina hatte sich erst vor sechs Monaten einer Geschlechtsumwandlung unterzogen. War ich wahnsinnig geworden? Wieso prallte ich an den Oberflächen der Menschen ab? Und wieso schrieb ich ihnen phantastische charakterliche Eigenschaften zu, traumhafte geistige Tiefe und segnete sie mit wunderschönen vorgelogenen Komplimenten, obwohl alles auf nichts basierte – außer auf meiner Sehnsucht, in diesen Leuten vielleicht das MEHR im Leben zu entdecken.

Ich verliebte mich auch in den Geist schwuler Männer und kam dann mit den Erwartungen, die mit solchen Beziehungen verbunden sind, nicht klar. Oder ich wusste nicht, wie man offen über alles redet, verstand die emotionalen Codes nicht. Offenheit war nicht meine Stärke. Vieles war nicht richtig zu verstehen, und ich hätte vielleicht jemanden gebraucht, der mir alles ein bisschen genauer erklärt. Identität und Identitätswandel waren jedenfalls die großen Themen der Zeit. Irgendjemand sprach plötzlich von *Gender Studies*, und so hörte man fast monatlich einen neuen modischen Begriff, der eine Welt in Ordnung bringen sollte, die mir aus den Fugen zu geraten schien. Ich hätte so etwas wie ein Magazin gebraucht, das

Slow Down heißt und Anweisungen enthält, wie man Bodenhaftung gewinnt.

Nachdem ich die Wohnung von Anna Karina verlassen musste, irgendwann im Morgengrauen, wurde ich am Nollendorfplatz von einem schwulen Macho mit Schäferhund halb bewusstlos geschlagen – bloß weil mein Fahrradlenker seine Lederjacke beim Vorbeifahren leicht berührt hatte. Bevor er auf mich einschlug – er war größer und stärker, und er hatte einen Freund dabei, der mich festhielt –, versuchte ich, mit ihm zu reden. Zu erklären, dass es nicht meine Absicht war, ihn morgens um 6 Uhr mit meinem Fahrrad zu streifen. Fast hätte ich ihm erzählt, wie mich die lesbische Freundin von Anna Karina aus der Wohnung geworfen hatte. Aber das wäre sinnlos gewesen. Was mir zum ersten Mal richtig bewusst wurde, war die Befürchtung, dass wir Menschen einander unwiderruflich fremd sind – als kämen wir alle von verschiedenen Planeten – und trotzdem ein starkes Bedürfnis nach Paarbildung haben. Das war damals der Kampf aller Kämpfe: der Kampf zwischen Autonomie und Abhängigkeit.

So reihten sich in meinem Leben die kleinen unerklärlichen Episoden aneinander, unaufhörlich, und das bewies nicht viel mehr, als dass man als Mensch jeden Tag die Chance erhielt, etwas Neues zu lernen. Und wenn man die richtigen Schlüsse aus dem Gelernten zog, konnte sogar irgendwann mal etwas aus einem werden. Oder man war eben zu dumm, diese Chancen zu erkennen. Und man verpasste sie. Immer und immer wieder.

Rückblickend erschien es mir manchmal, als ob ich in Berlin nicht viel gelernt hätte. Wie war es sonst zu erklären, dass ich kurz vor meinem Antritt bei Tempo – ich hatte mich ganz offiziell beworben und wurde ebenso ganz offiziell eingeladen – für sechs Monate der unzertrennliche Partner eines Kifferexperten und Neuen Wilden wurde, der gerade den damals hoch dotierten Philip Morris Kunstpreis gewonnen hatte? Woher dieser Mensch kam und was er genau wollte, wusste ich zuerst nicht. Es spielte auch keine Rolle. Jedenfalls glaubte er, in mir eine Energie zu erkennen, die er gerade brauchte, um seinen vom Kiffen stotternden Motor in Schwung zu halten. Ich war sein Kokain. Ich sollte ihn inspirieren. Dafür durfte ich von ihm Dinge lernen – THINGS! – und nebenbei kostenfrei sagenhaften schwarzen Afghanen rauchen. Und was machte so ein Kunstpreisgewinner im damaligen Berlin mit der Summe von ungefähr 75 000 Mark? Der Begriff der Stunde war *Performance.* Choreographierte Wirklichkeit. Wir kooperierten: Ein alter Mercedes flog in die Luft (BZ und Stern berichteten), die Berliner Mauer wurde auf der Höhe des Potsdamer Platzes in Brand gesetzt (Stern, BZ, Tagesspiegel berichteten). Videos entstanden.

Wir fuhren Luxusklassiker einfach zu Schrott. Als ob es so was wie eine zwanghafte Verbindung zwischen Kunst und Autos geben würde. Natürlich sollten diese Aktionen irgendwelche Gegenwartsmetaphern verkörpern: sinnlose Zerstörung ist gut, macht auch alles sehr viel Spaß. Nachgedacht wird später. Doch die zunehmende Zeichenhaftigkeit der Welt ließ die Aktionen immer beliebiger erscheinen. Ich hätte Disziplin und eine Strategie benötigt. Vielleicht sogar eine Mutter, die mir die dreckige Wäsche waschen, eine Ohrfeige knallen und mir helfen würde, meine Gedanken zu sammeln und mich weiterzuentwikkeln. So aber bildete sich in Berlin allmählich ein schöner Hang zum Irrationalismus und zur Leugnung der Realität heraus.

Ich zog von der Admiralstraße 17 in die Yorkstraße 48, in eine dieser endlos großen Berliner Wohnungen, hinter eine von Ruß und Geschichte schwarzgrau gefärbte Fassade. Es war ein Haus mit Tausenden von Einschusslöchern, so spektakulär, dass sogar Touristenbusse Halt machten. Viel besser noch: Im Erdgeschoss befand sich eine Bar namens Risiko, und als sie das finstere Loch in eine kleine Gebetsstube für türkische Mitbürger verwandelten, gab es gleich um die Ecke Ersatz: Das Ex und Pop an der Mansteinstraße. Ich benötigte genau hundert Stufen oder drei Minuten, um mich zum Sound von Hank Williams ein bisschen zu betrinken. Im Dämmerzustand bildete ich mir dann sogar ein, Hank würde jetzt im schwarzen Anzug und weißem Cowboyhut neben mir sitzen und mir zuprosten. Aber dann stellte sich zu meiner Enttäuschung heraus, es war bloß Nick Cave.

Zwischen 1983 und 1988 ging ich selten vor drei Uhr morgens ins Bett und stand entsprechend selten vor Mittag auf. Ideale Bedingungen zur Verwahrlosung. Eigentlich hatte ich mich schon damit abgefunden, dem Berliner Verein JUNGER ARBEITSLOSER KULTURSCHAFFENDER beizutreten, da stand eines Tages eine flüchtige Bekannte vor meiner Haustür und fragte, ob sie Bilder von mir machen könnte.

Nan Goldin ist heute eine der bekanntesten zeitgenössischen Fotografinnen. Ihr Ruhm begann Mitte der Achtziger, kurz nach dem Erscheinen ihres Buches *Die Ballade von der sexuellen Abhängigkeit.* In Kunstkatalogen wurde immer wieder auf die Kombination von Stärke und Verletzbarkeit der von Goldin porträtierten Menschen hingewiesen. Die Show ging Ende der achtziger Jahre auf Museumstour und wurde weltweit gezeigt. Die Mainstream-Presse schrieb Mitte der Neunziger: Goldins Realismus sei brechtianisch, sie verkörpere den primitiven Genius einer Patti Smith, sie besäße die Poesie eines Jim Jarmusch, sie sei eine Janis Joplin, die überlebt habe. Was bedeutet es, dass ich selbst auf zwei Bildern dort zu sehen bin?

Noch heute werde ich auf diese Bilder angesprochen. Und mir stellen sich Fragen: Was mache ich dort? Wieso erscheint die Künstlerin Kiki Smith auf einem der Bilder, und wieso starrt sie mich an? Wonach hat Nan Goldin in Berlin gesucht? Was erkennt sie in meinem Gesicht? Und was habe ich mit dieser ganzen *Familie* eigentlich zu tun?

Nan schoss etwa dreihundert Bilder von mir. Unter anderem in einer Bar, die es längst nicht mehr gibt, sie hieß Knox Bar und lag in der Görlitzer Straße. Auf einem der Bilder trage ich ein Anzugsoberteil von Armani, das ich beim türkischen Trödelladen im alten, damals stillgelegten U-Bahnhof Bülowstraße erstanden hatte. Darunter kann man ein weißes Unterhemd von Karstadt erkennen, das mit Ölfarbe befleckt ist. Mein Mund ist halbgeöffnet, und ich blicke scheinbar in Richtung einer Champagnerflasche. Verrät mein Gesicht Härte und Verletzbarkeit, eine Sehnsucht nach Liebe und Geborgenheit? Keine Ahnung. Das zweite Bild zeigt Kiki Smith, die mir tief in die Augen blickt. Wieder ist mein verdammt großer Mund geöffnet, und meine Augen sehen aus, als ob ich zuviel getrunken hätte oder sonst wie *stoned* bin. War ich aber nicht.

Die beiden Fotografien gaben mir das Gefühl, ich sei jemand. Es passte jedenfalls in jene Zeit, die uns auf die Erfüllung von Warhols Prognosen vorbereitete. Doch eigentlich scheinen die Bilder etwas ganz anderes zu erzählen: dass ich alleine war.

Unfähig, die Hand von jemandem wie Kiki Smith zu nehmen. Und ihr zu sagen, dass ich mit ihr gehen will.

Wolken und Zugvögel

Vor zwei Stunden stand ich noch vor dem riesigen wilhelminischen Wandspiegel in der Wohnung in der Yorckstraße. *Temptation* von New Order lief im Hintergrund. Ich studierte meinen Look und fühlte mich stark. Bald war nichts mehr davon übrig.

Ich war viel zu früh dran. Und furchtbar nervös dazu. Nachdem ich während des kurzen Flugs mit British Airways erstmals eine Ausgabe der Zeitschrift Tempo studiert hatte, lief ich an der Uferpromenade entlang und dachte: Hamburg sieht edel aus, viel eleganter als Berlin. Hatte ich die richtigen Kleider für ein Vorstellungsgespräch an? Konnte ich das wirklich durchstehen? Würden sie mich auslachen mit meinem Schweizer Akzent? Warum war ich jetzt dermaßen unsicher?

Ich trug ein leicht zerrissenes Stetson-Anzugsoberteil, das ich in einem Secondhand-Laden in Brownsville erstanden hatte. Dazu eine Kampfhose der französischen Fremdenlegion, einen schwarzen Rollkragen-Pullover der Schweizer Firma PKZ, ausgelatschte Militärstiefel, erworben auf einem Flohmarkt in Biel. Meine Haare waren von einem türkischen Friseur an der Motzstraße kahl geschoren worden.

Erst später, als sich Klagen über mich häuften, wurde mir klar, dass mein Erscheinungsbild offenbar negative Folgen hatte. Bei einem Interview mit Jil Sander hatte ich blau lackierte Fingernägel und trug Verlumptes vom Trödel an der Oranienstraße. Frau Sander war nicht nur über meinen Text empört, sondern auch über meinen Auftritt. Mit dem regierenden Bürgermeister Walter Momper traf ich mich in so einer Art Siebziger-Jahre-Blaxploitation-Outfit, das ich in Brooklyn erworben hatte. Momper fand es geschmacklos. Jedenfalls nahm er mich beim Gespräch nicht besonders ernst, was dazu führte, dass er sich zu einigen wirklich dämlichen Antworten hinreißen ließ, und dafür tat er mir danach fast ein bisschen leid. Zum Interview mit Sinead O'Connor lief ich in einem linksmilitanten Skinhead-Look aus Kreuzberg ein und hatte ein Messer dabei. Der Kollege Thomas Hüetlin entdeckte einige Tage später eine Story im englischen Musikmagazin Melody Maker und heftete sie an eine Pin-Wand in der Redaktion. Sinead O'Connor beklagte sich in dem Artikel darüber, dass sie bei einem Interview von einem *german lunatic* gefoltert worden sei. Ich weiß bis heute nicht, ob Hüetlin mich als warnendes Beispiel vorführen wollte oder ob er es lustig fand, dass sich die Dame so blöd anstellte. An einem bestimmten Punkt unseres Gesprächs hatte ich ein bisschen von mir selber erzählt: dass ich gerne Autos in die Luft fliegen lasse und terroristische Aktionen simuliere. Und ich wollte ihr dann mein Bowie-Messer zeigen, das mir Kiki Smith geschenkt hatte. Wie konnte eine kurze, Sechzig-Sekunden-Persönlichkeitsshow des Interviewers eine Pop-Provokateurin wie Sinead O'Connor so erschrecken – eine, die öffentlich immer wieder mit einer Nähe zum militanten Umfeld der IRA kokettierte? Vielleicht war sie damals einfach schon so erschöpft von den vorangegangenen Interviews mit Bravo, Stern und Bunte. Vielleicht war sie auf einen Menschen wie mich einfach nicht vorbereitet. Sie brach jedenfalls mein erstes – und für viele Jahre einziges – Interview einfach mittendrin ab und rannte weinend aus dem Hotelzimmer. Und ich musste eine zornige Attacke ihres Managers über mich ergehen lassen.

Nach Sinead O'Connor schwor ich mir, nie mehr ein Interview zu machen.

Nachdem ich mich auf eine Parkbank gesetzt hatte, konnte ich mich nicht entscheiden, ob ich den Termin überhaupt wahrnehmen sollte. Wollte ich wirklich für Tempo arbeiten? Ich überlegte, ob ich wieder umkehren sollte und lief fünf Minuten vor dem Heinrich-Heine-Haus auf und ab und schaute in den Himmel und beobachtete Wolken und Zugvögel. Und ich sah, dass da noch was ganz anderes hinter den Vögeln und den Wolken am Himmel war: ganz gewaltig, ganz dunkel, fast schmerzhaft. Für einen Moment versuchte ich mir einzureden, dass ich es schon weit gebracht hatte. Ich saß hier an einem See in Hamburg, und gleich würde sich einer um mich kümmern, dem offenbar etwas an mir lag. An jenem Tag vor der Heine-Villa war der Himmel geradezu krankhaft bevölkert von Zugvögeln, und was hinter den großen Hamburger Wolken schwebte, war noch viel schlimmer, und mir kann niemand einreden, dass ich mir das bloß einbildete: Da war kein blauer Himmel, an dem die Wolken einfach so wunderschön dran klebten, wie an jenen Orten, von denen wir alle gerne träumen, sondern ich sah dort eine weiße Furcht einflößende Fläche, die jetzt einfach so über Deutschland schwebte, wie ein leeres unbeschriebenes Blatt Papier. Wenn ich jetzt diese schlimmen Gedanken nicht sofort weiterziehen ließ, würde ich mit Verspätung eintreffen, und meine Chance wäre vergeben. Ein diffuses Pflichtbewusstsein trieb mich vorwärts.

Das Wunder der menschlichen Existenz verleiht einem unglaubliche Kräfte, redete ich mir ein. Irgendwo im Unterbewusstsein sitzt der Mut, einen Vorhang zur Seite zu schieben, eine Leinwand wird hochgezogen, man stößt eine Türe in eine fremde Welt auf oder betritt zitternd die große Bühne, und da werden plötzlich unermesslich aufgeblasene Kräfte im scheuen Wesen aktiviert.

Mein erster Gedanke beim Betreten der Redaktionsräume war dieser: Habe ich mich im Eingang geirrt? Hier sah alles wie in Copyland aus. Und mit gesichtslosen Kopierläden kannte ich mich gut aus; das waren in Berlin die besonderen Treffpunkte zeitgeistiger Strömungen. Man konnte in Kopierläden die aufregendsten Menschen kennenlernen, Leute, denen man sonst nie begegnen würde. Recherchen im Internet gab es noch nicht – alles musste mühsam aus Heften und Büchern herauskopiert werden, und so wurden bestimmt einige der ganz großen Ideen zum ersten Mal in einem Kopierladen geboren.

Die Tempo-Redaktion erinnerte mich an eine Mischung aus eben jenen schmucklosen Kopierläden und studentischen Wohngemeinschaften. Ich war ein wenig überrascht, wenn man bedenkt, wie edel das Gebäude von außen wirkte und wie glamourös sich das Heft gab.

Eine Traube von Leuten stand um ein Kopiergerät herum. Alle Köpfe drehten sich jetzt in meine Richtung. Es waren wohl Redakteurinnen und Sekretärinnen, die mich mit cooler Herablassung anglotzten und gleich wieder mit cooler Herablassung wegschauten. Ich lief in die Mitte der Redaktionsräume, fand aber niemanden, der sich um mich kümmerte. Es gab eine kleine Küche mit Kühlschrank und Kaffeemaschine; ich sah einen Raum, in dem gerade eine Sitzung stattfand – eine Themenkonferenz, wie ich bald lernen würde. Einige saßen lässig mit ausgestreckten Beinen um einen Tisch, rauchten und blätterten in englischen Magazinen.

Vielleicht wurde ich für einen Fahrrad-Kurier gehalten. Niemand schien mich zu bemerken. Ich betrachtete die engen Arbeitszellen, die Schreibtisch-Dekorationen, das allgemeine Chaos. Es gab jede Menge Pin-Wände, an denen ausgeschnittene Artikel hingen, Aufkleber auf Schreibtischen und Schreibmaschinen, die auf aktuelle Musiktrends verwiesen, Berge von Magazinen und Zeitungen. Ich entdeckte ein Bild des jungen Daniel Cohn-Bendit, gleich neben Rudi Dutschke, ein Schwarz-Weiß-Foto eines peruanischen Minenarbeiters und zahllose Hinweise auf eine Band, die ich damals auch gut fand: The Smiths. Morrissey schien so etwas wie das Maskottchen von Tempo zu sein. Außerdem erkannte ich ein altes Poster einer Ausgabe des Jugendmagazins Twen, und neben einem Jugendbild von Ulrike Meinhof, das Cover von Tom Wolfes *Unter Strom.*

Nach zehn Minuten fragte mich eine junge Frau, ob sie mir helfen könne. Etwa so, als ob ich mich in der Adresse geirrt hätte. Ich stellte mich vor und nannte die Namen Herrgesell und Peichl. Irgendwann kam ein Herr Herrgesell, dessen netter Brief mich überhaupt erst hierher gelockt hatte, und dann schaute ich mir diesen Menschen namens Herrgesell an und versuchte, freundlich zu lächeln. Irgendwie hatte ich ihn mir anders vorgestellt. Blödsinn, Journalisten sind eben korrekt gekleidet, so sehen eben Menschen aus, die in einem Büro arbeiten.

Seltsamerweise redeten hier scheinbar fast alle mit österreichischem Akzent. Das hier waren gar keine so genannten Berliner Szeneleute, sondern disziplinierte junge Journalisten mit Ausbildung. Mir wurde klar, dass es ein Fehler war, hier zu sitzen. Was hatte ich schon zu bieten?

Wahrscheinlich war es auch ein Riesenfehler, dass ich

meine Videos dabei hatte. Sie lagen in meinem Armeerucksack, und ich hatte mir fest vorgenommen, sie bei der erstbesten Gelegenheit dem Chef vorzuführen. Wieso das denn? Vielleicht wollte ich Markus Peichl beweisen, was ich schon so alles im Leben vollbracht hatte. Und dass ich hier war, weil ich radikal schreiben oder wenigstens radikale Dinge tun wollte.

Ich wurde in ein Zimmer geführt, in dem ein Fernseher und ein Videogerät standen. Plötzlich saß ich einem sehr sympathischen Gesicht gegenüber, das mich grinsend musterte. Markus Peichl grinste wie ein Schelm und ließ mich sofort an seiner noch unbekannten Welt teilhaben, es baute sich schnell eine besondere Form von Intimität auf, bis ich rasch so viel Vertrauen und Solidarität verspürte, dass ich bereit sein würde, alles zu tun, was dieser Mann einem befahl. Das nennt man wohl einen guten Chefredakteur.

Wie unbefangen er mich taxierte. Ohne Checkliste. Es war weniger ein hartes Vorstellungsgespräch, eher ein romantisches Rendezvous. Er erkundigte sich, was ich bisher so geschrieben hatte. Ich antwortete verunsichert, in New York für ein Magazin gearbeitet zu haben, und weil das nicht stimmte und ich es bloß sagte, um mich aufzublasen, fühlte ich mich gleich ein bisschen schuldig. Bevor das Treffen zu freundschaftlich wurde, wechselte Peichl den Tonfall, seine Stimme bekam etwas Drastisches. Ungeduldig fällte er die erste Entscheidung und wollte mich, den Schweizer, für meine erste Tempo-Geschichte einsetzen, für eine Geschichte über einen anderen Schweizer:

Pirmin Zurbriggen, den damals weltbesten Skifahrer. Ich hatte mir etwas Glamouröseres vorgestellt, als ausgerechnet unseren guten alten Pirmin zu besuchen.

Nach Gröden sollte ich also fahren, zu einem Weltcup-Rennen, und wenn das nicht reichte, dann gleich weiter nach Val d'Isère. Angenehme Skiorte, dachte ich. Was hatte das mit mir zu tun?

Trotzdem freute ich mich. Immerhin bestand die Chance, aus Berlin herauszukommen. Da ich immer gleich total euphorisch werde, wenn mich die Freude packt, fragte ich Markus Peichl, ob ich ihm zum Abschluss noch etwas zeigen dürfe. Ich merkte ihm an, dass er nicht unbedingt darauf gewartet hatte, dass hier ein Schweizer seine Videos aus der Tasche zog. Ich spürte den Drang, ihm etwas vermitteln zu wollen. Etwas Persönliches, irgendwie auch Geheimes. Es geht ja immer auch darum, den Leuten, die man mag, die eigene Person ein bisschen zu erklären. Deshalb zeigte ich dem Tempo-Chef meine Drei-Minuten-Videos.

Das erste mit dem Titel *Mauerbrand* zeigte, wie ich einen gefüllten Benzinkanister in Flammen setze. Dazu minimalistische Geräusche, die ich auf einem Kurzwellensender zwischen Radio Moskau und Voice of America entdeckt hatte. Im Hintergrund explodieren zwei weitere Kanister, eine Stichflamme schießt hoch. Das geht etwa zwanzig Sekunden lang, bis ich vor einer Feuerwand stehe, die sich über das Mauerstück am Potsdamer Platz ausbreitet, ungefähr dort, wo heute das Sony-Center steht.

Das zweite Video, *Tom Texas*, spielt mit einer Art Jackass-Motiv. Mitten in der südwest-texanischen Steppe sprühe ich im Niemandsland von Texas absolut einsame Hütten mit politischen Graffities an, sprühe Slogans wie JETZT UND ALLES. In einem weiteren Film rolle ich mich einen Hügel herunter und renne mit wackelnder Kamera über eine endlose Ebene, wie ein Infanterist einer unbekannten Armee, der vergessen wurde.

Mir war schleierhaft, was ich mit den Aufnahmen bezweckt haben könnte. Eine Privatperson macht sich auf eine hysterische Jagd, als ob hier ein nicht erklärter Krieg dokumentiert wird. Das letzte Video zeigte die Detonation eines Mercedes 250 direkt vor dem Walter-Gropius-Bau, Ecke Stresemann-/Niederkirchnerstraße.

Markus Peichl ließ die Tortur kommentarlos über sich ergehen. Ich muss zugeben, dass es aus heutiger Sicht eine mutige Entscheidung war, dass er nicht gleich auf der Stelle den Zurbriggen-Auftrag zurückzog.

Peichl begleitete mich zum Ausgang. An der Kopierecke stellte er mich einigen Autoren vor, die gerade aus der Themenkonferenz kamen: Matthias Horx, Maxim Biller, Helge Timmerberg, Susanne Schneider und einigen anderen.

Was hatte er mit mir vor? Peichl, der Schelm, er grinste.

Mit der Abendmaschine kehrte ich aus Hamburg zurück. Zurück in jenes Deutschland, wo ich mich sicher fühlte: Yorckstraße 48. Was sollte ich jetzt meinen Freunden erzählen? Wieso werde ich *Journalist*? Warum will ich mich kopfüber in diesen Hochglanzkosmos stürzen, in die Welt der Schickimickis? Ich hätte den Freunden sagen können, dass es als Saboteur sogar meine Pflicht sei, genau diese Stimmung in all ihrem verderbten Glanz einzufangen.

So hatte mein Besuch bei Tempo einen eigenartigen Effekt. Ich wollte auf jene sonderbare Weise zum Journalisten werden und als Junger Wilder der Branche gelten. Meinem Chef vertraute ich. Warum, wusste ich nicht genau. Vielleicht weil wir uns ähnlich waren.

Journalismus ist eine Art Krieg. Der Kriegsschauplatz ist die Realität. Ich muss mich hineinwerfen. Nur jene Bilder und Elementarteilchen, die nach dem Einsatz übrig bleiben, sind es wert, beschrieben zu werden.

Das große *Ding*

Ich darf nicht aufgeben. Auch wenn für einen Moment alles lächerlich erscheint: meine Wohnung, meine Vergangenheit, meine Angst davor. Etwas Seltsames ist passiert. Seit die Helikopter des Los Angeles Police Department ihre Scheinwerfer durch die Jalousien auf meinen Schreibtisch geworfen haben, kann ich mit extremer Klarheit in mein früheres Leben eintauchen. Als ob mich mein Gedächtnis blenden würde. Dabei erscheint mir mein früheres Leben wie ein Garten. Je mehr ich mich jedoch in diesem Garten umsehe, desto mehr sehe ich mich umstellt. Die schmerzhaften Elemente der Vergangenheit keimen. Ich weiß nicht, ob ich gerade ein wenig geschlafen und geträumt habe, aber ich sehe wie in meinem Garten unkrautartige Ableger treiben. Schließlich werden alle meine schönen Blumen ersticken. Du liegst dann plötzlich da, wach, in einer trostlosen Öde aus Unkraut, Kakteen, spitzen Steinen und staubiger Erde. Das ist alles, was dir geblieben ist. Und alles, was dich jetzt vor dem Unkraut deiner Erinnerungen rettet, ist die Suche nach den Blüten, von denen du weißt, dass es sie tief im Inneren jeder Geschichte irgendwo geben muss.

Am zweiten Tag meiner Recherche für das Porträt über Pirmin Zurbriggen überrumpelte ich den Weltcup-Renndienst von Val d'Isère und raste auf der offiziellen Rennstrecke mit 95 Stundenkilometer ins Tal. Um zu empfinden, was Zurbriggen empfindet. Gewöhnlich erhielten Journalisten die Möglichkeit, die Strecke mit Trainern hinunterzurutschen und dabei ein paar Fragen zu stellen. Das hatte ich bereits hinter mir. Ich wollte mehr.

Im Zielraum hielt mich der Wachdienst zusammen mit einem Assistenten der österreichischen Mannschaft fest. Meine Presse-Akkreditierung wurde mir weggenommen. Und am Abend, im Pressezentrum von Val d'Isère, während ich meinen kleinen, mir zugewiesenen Presseschreibtisch räumen musste, stand plötzlich ein riesiger alter Journalist namens Serge Lang vor mir. Er schrieb für die französische Sportzeitung Equipe und den Schweizer Blick – und er schimpfte auf Französisch auf mich ein: dass ich mit solchen Aktionen die ganze Branche in Verruf bringen würde. Hinter ihm standen einige Schweizer Journalisten, die sich das schwarze Schaf genauer ansehen wollten.

Serge Lang verkörperte perfekt das Beispiel eines Journalisten, der längst zwischen den Fronten agierte. Seine Artikel waren nur noch Anhängsel von einträglicheren Geschäften, die er unter dem Deckmantel des Journalismus betrieb. Es gab diese Leute in allen Bereichen der Berichterstattung, und sie waren längst in der Mehrzahl.

Die Idee für meine erste eigene Story bestand ganz einfach darin, dass selbst so langweilige Sportler wie Zurbriggen in Zukunft wie Popstars gehandelt werden müssten. Es würde genügen, wie in Zeitlupe ihr Inneres und Äußeres zu analysieren und einige Mythen bildende Tricks dazuzumischen. Immer behandelte ich diese Leute so, als ob es Dandys seien, die auf ein großes Lebenswerk zielten. Gerade darin lag die Ironie. Denn in Wirklichkeit waren es nichts weiter als Sportler, die schnell alterten und deren Ruhm nur noch von ihrer Tragik überboten wurde.

Bei meiner ersten offiziellen Recherche wurde mir sehr schnell klar, dass man sich von der objektiven Wirklichkeit verabschieden musste, um Journalismus zu betreiben. Man konnte dies tun, indem man sich betrank oder bekiffte. Oder indem man sich selbst als Hauptfigur inszenierte. Das war die beste Variante. Man beobachtete sich selbst, hatte eine imaginäre Kamera auf sich gerichtet, während man das Thema und die Personen der Geschichte langsam einkreiste. Bei meinen Recherchen habe ich die Phantasie des Regisseurs genauso wichtig genommen wie den dokumentarischen Eifer des Reporters.

Immerhin verbrachte ich sechs Monate in der Tempo-Redaktion in Hamburg und arbeitete dort zwischen 1988 und 1992 als fester Reporter. Nach meinem Porträt über Pirmin Zurbriggen und einer Annäherung an das Phantom Michael Jackson bei einem dreiwöchigen USA-Einsatz ließ ich mich sogar zu Recherchezwecken für eine Woche in den Keller der Heinrich-Heine-Villa einsperren. Dort sollte ich die Wirkung von Isolationshaft auf RAF-Gefangene studieren; ein großes Thema in der damaligen Bundesrepublik.

Ich war womöglich der einzige Journalist bei Tempo, der einen inszenierten Selbstversuch im Redaktionskeller nicht pervers komisch, sondern notwendig fand. Der Versuch, mit der Gefängnisdirektion in Stammheim darüber zu verhandeln, ob ich dort zu Recherchezwecken Isolationshaft simulieren könnte, war im Übrigen gescheitert. Keine Chance.

Im Kellergeschoss der Heinrich-Heine-Villa wurde mir ein Raum mit Pritsche und Tisch eingerichtet. Dreimal täglich bekam ich eine warme Mahlzeit serviert. Sonst gab es keinen Kontakt zur Außenwelt. Ich bildete mir ein, dass mein Selbstversuch auch ein Test war. Wie konnte man höhere Loyalität zu seinem Chef beweisen, als sieben Tage in freiwillige Gefangenschaft zu gehen?

Mein Blick fiel vom schmalen Kellerfenster auf einen der Verlagsparkplätze. Ich erinnere mich besonders gut an unseren Art-Direktor Lo Breier, der seinen feinen Schlitten immer genau über diesem Fenster parkte und sich sogar die Mühe machte, morgens, mittags und abends immer rasch einen Blick zum Isolationshäftling zu werfen und ihm aufmunternd zuzuwinken.

Ich hatte viel Zeit, über alles nachzudenken. Nicht nur über das Wesen der Isolationshaft, sondern auch über das Wesen meiner eigenen Isolation. Warum war ich jetzt Journalist? Was sollte das alles? Wieso schickte mich mein Chefredakteur in diesen verdammten Keller und wieso gafften meine Kollegen von oben auf mich hinunter und lachten?

Meine Texte würden etwas Magisches ausstrahlen, meinte Markus Peichl später, als meine Story *Isolationshaft* erschien. Sehr schön. Ich wisse, wie man Authentizität suggeriere. Danke. Der Schlüsselloch-Effekt sei mein Spezialgebiet, meinte der damalige Stellvertreter Lucas Koch. *Peeping Tom* mit den Mitteln des Gonzo-Journalismus, so oder so ähnlich sagte es einer, der Blattkritik machte, Stefan Aust. Kollegen gratulierten mir. Zum ersten Mal begegnete ich einem Herrn namens Claudius Seidl, der aus München zur Themensitzung angereist war. Er kam auf mich zu und sagte, dass er meine Art des Schreibens schätze.

Im Heft selbst wurden meine Texte wie die eines längst mit Status gesegneten Autors präsentiert. Wo Spiegel-Autoren Jahrzehnte warten mussten, bis ihr Name im Vorspann auch nur erwähnt wurde, war für uns Tempo-Autoren der Vorspann richtig gehend kreiert worden. Wir sollten groß und wichtig erscheinen. Das hatte man im deutschen Journalismus noch nicht gesehen. Die Autoren wurden genauso wichtig wie das Thema, über das sie schrieben. Bald hielten uns alle für kleine Stars in diesem kleinen Kosmos der deutschen Publizistik. Das provozierte Neid.

Was ich sonst im Keller gedacht habe, weiß ich heute nicht mehr genau. Ich studierte andere Schriftsteller, die sich mit dem Thema Isolation auseinandergesetzt hatten – Hubert Selby und Jean Genet – und benutzte stellenweise deren Gedanken, ohne darauf ausdrücklich hinzuweisen. Darin sah ich nichts Verwerfliches. Ich wollte anders schreiben und leben als die Kollegen bei den großen Magazinen. Das gefiel mir.

Trotzdem machte mich die Stimmung in der Tempo-Redaktion Ende der achtziger Jahre irgendwann nervös. Peichl hatte mich nach Hamburg eingeladen; ich sollte dort den Redaktionsalltag besser kennenlernen und einige Monate als Redakteur arbeiten. Er verpasste mir einen Platz an einem Schreibtisch, an dem auch Kollegen namens Thomas Hüetlin und Anne Urbauer saßen. Inzwischen hatte ich mehrere große Reportagen, Portraits und Essays geschrieben.

Spätestens jetzt waren wir eine große Journalistenfamilie in einer großen Fabriketage in Hamburg-Altona, viele junge Leute mit vielen genialen Ideen. Ich bewunderte meine Tischnachbarn, wie gut sie scheinbar organisiert waren und wie korrekt sie arbeiteten. Doch das beängstigte mich auch ein wenig: Die anderen nahmen ihre Karriere offenbar viel ernster als ich. Ich hatte zum Beispiel keine Lust, meinen Filofax anständig einzusetzen. Überhaupt war ich kein Organisationstalent, und mir fehlte auch das Talent oder die Geduld für produktives Networking. Das alles machte mich ein bisschen verdächtig. War das vielleicht gar kein Journalist? Was war er dann? Was machte der überhaupt hier? Doch die Kollegen und Kolleginnen hätten, weiß Gott, nicht netter sein können. Nach ihrer Vorstellung benötigte ich einfach Nachhilfeunterricht in Sachen Redaktionsalltag. Sauberes Redigieren, Fakten prüfen, das würde ich schon noch lernen. Immerhin hatten wir eine exzellente Schlussredaktion.

Ein junger, blondhaariger Schnösel betrat irgendwann die Redaktion. Er war Volontär oder etwas in der Art und stellte sich als Christian vor. Er sei Schweizer. Das konnte ich kaum glauben, denn der Blonde konnte kein Schweizerdeutsch, was sehr lustig war. Ein Schweizer, der keinen Dialekt spricht – davon hatte ich noch nie gehört.

Ich sagte dem Blonden, er solle mir beim Kopieren helfen, wenn er schon sonst nichts zu tun hätte, ich hatte mir nämlich ein riesiges Arsenal von Fachliteratur für meinen nächsten großen Auftrag besorgt: *Drogen in Deutschland – der ultimative Tempo-Test.* Und so kopierte ich mit dem Blonden alles, was man über Kokain, Heroin, LSD so finden konnte. Ich erzählte dem Blonden, was für eine grandiose Geschichte dies werden würde, eine Reise durch Deutschland, auf der Suche nach den besten und miesesten Drogen, die diese Republik zu bieten habe. Und dass das gleichzeitig ein Sittenbild werden solle über ein Land, das es in dieser Form bald nicht mehr geben würde. Der Blonde fragte, wer die Drogen eigentlich kaufen und wer sie bezahlen würde. Gute Frage. Ich wusste es selbst noch nicht.

Ich wusste nur, dass auch diese Ansage direkt vom Chef kam und ich dafür vorgesehen war, Kopf und Kragen zu riskieren. Wer wollte schon das Risiko eingehen, in deutschen Großstädten Heroin und Kokain einzukaufen, in den Clubs und auf der Straße? Unsere Drogenlandkarte Deutschland sollte natürlich Hinweise enthalten: wo es den besten Stoff gab, wo den miesesten. Der Stoff sollte ganz normal eingekauft und nach Hamburg transportiert werden, bevor ein holländisches Labor den großen Qualitätstest durchführen würde.

An einem schönen Frühlingsmorgen marschierte ich ins Büro der Finanzabteilung des Jahreszeiten-Verlags und nahm in voller Kampfuniform einen Umschlag mit zehntausend Mark entgegen. Unten wartete Helge Timmerberg im BMW. Er hatte sich kurzfristig in die Geschichte einschleusen lassen und wollte mir, dem jungen Schweizer in schweren Stiefeln, nicht einfach ein Thema überlassen, von dem er annahm, eine Art Copyright darauf zu besitzen – und das für einen alleine viel zu gefährlich wäre.

* * *

Als wir Hamburg in einem BMW Coupé Richtung Süden verließen, redeten wir weder über die 10 000 Mark in meiner Jackentasche noch über den Stoff, den ich heranschaffen sollte. Als Erstes fragte ich Helge Timmerberg nach dem großen, unausgesprochenen *Ding*.

Was für ein *Ding*?

Dass sich die Welt unerbittlich einteilt in Leute, die das *Ding* kennen, und in jene Masse dort draußen, die es nicht kennt. In jene Leute, die uns hassen, und in jene, die uns für die einzige ernsthafte Stimme der jüngeren Generation halten.

Helge wusste nicht genau, wovon ich redete. Vielleicht wusste ich es selbst nicht.

Er zündete sich einen Joint an, reichte ihn mir weiter, und so fuhren wir auf der A7 Richtung Süden dahin. Der Himmel war weiß und glitt mit hoher Geschwindigkeit über uns hinweg. Damals dachte ich zum Beispiel nie daran, dass mir etwas zustoßen könnte. Die Vorstellung, dass irgendwo das Böse lauerte, war mir fremd.

Dass Helge Timmerberg mit von der Partie sein wollte, war sicher kein Zufall. Heute könnte ich ihn einen Seelenverwandten nennen, aber das würde unser damaliges Verhältnis zu harmonisch darstellen. Jedenfalls war er ganz eindeutig Teil von diesem *Ding*, über das ich mit ihm reden wollte, weil ich es nicht richtig verstand und weil ich ihm vertraute – obwohl ich nicht genau wusste, was Vertrauen überhaupt bedeutete und welche Verantwortung damit verbunden war. Vielleicht war es jetzt einfach Schicksal, dass er am Steuer seines BMWs saß, daneben ich auf dem Beifahrersitz, und die Reise ging geradewegs hinunter, dorthin, wo mein Finger auf der ADAC-Karte eine Linie zog, direkt nach München.

Ich wusste damals nicht viel über Helge, außer dass er

auf einem Ohr nicht richtig hörte, was mich halb in den Wahnsinn trieb. Zum Beispiel hatte ich gar nicht vermutet, dass der alte Kiffer so sportlich Autofahren würde. *Alter Kiffer*, das sage ich natürlich in einem wohlwollenden Sinn. Aber eben auch mit der herablassenden Stimme eines Konkurrenten, der sich der älteren Generation nicht zugehörig fühlte. Im Übrigen war ich es, der den Spesenvorschuss verwaltete. Die Scheine ruhten friedlich in einem Jahreszeiten-Verlagsbriefumschlag, in der Innentasche einer schwarzen Springer-Jacke, die mir Thomas Hüetlin kurz zuvor geschenkt hatte (der Reißverschluss war kaputt, deshalb gab Thomas die Jacke womöglich auf; für mich war sie wie neu, zumindest gut genug, um sie auf meiner ersten Reise quer durch Deutschland zu tragen).

Helges Auftrag wiederum war nicht so klar definiert. Hatte Peichl ihn als Aufpasser mit auf den Weg geschickt? Weil die Geschichte vielleicht zu groß für mich war? Hatte der Chef kalte Füße bekommen? Oder wollte Helge einfach auch einmal an *meinem* Ding teilhaben? Vielleicht lag ja auch tatsächlich so was wie Ekstase oder gar Erleuchtung in unserer Reichweite.

Ungefähr als wir Hannover passierten, fingen wir dann doch noch an, uns zu unterhalten, über Leute und Dinge, über unsere Möglichkeiten als Menschen des Wortes. Helge konnte mir nicht genau erklären, wie meine journalistische Zukunft aussehen könnte. Er hatte seine eigenen Sachen am Laufen und war offenbar nicht besonders scharf darauf, sich um mich zu kümmern.

Der Auftrag jedenfalls war klar: Fahre nach München, Frankfurt, Düsseldorf, vielleicht Hannover, kaufe ein, was das Kuvert hergibt und melde dich wieder in zwei Wochen, mit dem gesammelten Stoff in der Redaktion. So oder so ähnlich wurde das Thema *Drogenlandkarte Deutschland* bei der Themenkonferenz abgesegnet.

Alles, was ich bis dahin über Restdeutschland wusste, hatte ich in der Schweiz erfahren, entweder in der ARD oder im ZDF, vor allem durch *Sportschau*, *Aktenzeichen XY*, *Tatort* oder *Der Kommissar*; beim *Internationalen Frühschoppen*, bei Kuhlenkampf und natürlich aus dem *Spiegel*. Mit deutschen Autoren hatte ich nicht viel am Hut, um ehrlich zu sein. Ich kannte *Rom, Blicke* von Rolf Dieter Brinkmann und einen Russland-Roman von Konsalik. Früher hatte ich so gut wie alles von Wolfgang Borchert gelesen, und ich mochte Theodor Storm für seine schönen melancholischen Beschreibungen des Nordens.

Überhaupt ging ich immer davon aus, große Bildungslücken zu haben. Deshalb war ich anfangs bei den Themenkonferenzen sehr angespannt, als ich die ersten Male neben Giganten wie Maxim Biller, Claudius Seidl oder Matthias Horx saß. Das Einzige, was mich immer wieder rettete, war eine besondere Form der Intensität, die ich in solchen Momenten mobilisieren konnte – vielleicht ein Überbleibsel meiner Tenniskarriere. Und weil ich diese *High Energy* mit schweizerischem Akzent rüberbrachte, wurde das von der Redaktion vielleicht als eine seltsam nette Mischung empfunden, die man irgendwie unterstützen musste. Wer weiß.

Bei jenen Konferenzen, in denen es auch immer irgendwie um das große unausgesprochene *Ding* ging, war ich zwar sehr, sehr nervös, aber anmerken ließ ich mir nichts.

Das Bild, das diese Konferenzen abgaben, war immer das gleiche: Etwa zwanzig Leute saßen so an Tischen, nippten an Cola-Flaschen oder tranken Kaffee, einige Mitarbeiter waren aus dem Süden der Republik angereist, andere waren gerade von einer harten Rechercheschlacht zurückgekehrt und streckten wie schlappe Krieger ihre Beine aus und genossen den *Suspense*, den ihr journalistischer Einsatz in irgendeinem fernen Land bei den zu Hause Gebliebenen heraufbeschwörte.

Für einen Außenstehenden war es schwer zu begreifen, was dabei genau ablief. Erst einmal war da nichts als eine Gruppe von Leuten, die einen ungewöhnlichen psychischen Zustand miteinander erlebte: DIE KONFERENZ.

Es war zum Beispiel nie ganz klar, wie ernst die Teilnehmer ihre moralischen Appelle meinten, wenn sie ihre grün angehauchten politischen oder hypertrendbewussten Stories verkaufen wollten. Oder warum es unbedingt wichtig sein sollte, das Comeback von Grace Jones zu unterstützen. Die größten Langweiler waren natürlich genau diejenigen, die sich besonders gut vorbereitet hatten, oder die so taten, als ob sie mit ihrem Themenvorschlag eine bessere moralische Ordnung, eine bessere Gesellschaft oder im schlimmsten Fall sogar eine total erneuerte Popkultur anstrebten. Jeder spielte seine Rolle. Bei den meisten wusste man nicht, was sie im Angebot hatten und wie viel Talent sie wirklich darin besaßen, wenn sie ihre Themen wie frische Früchte anboten.

Auf meiner eigenen Themenliste stand alles wild durcheinander: Stories über Musik und Marken-Fetischismus, über Kriege und Kino, über die deutsche Jugend und das bisschen Protest gegen die kranke Welt, der noch übrig geblieben war; aber auch Geschichten über Gucci, Hundekämpfe oder die Rückkehr der Currywurst.

Genauer betrachtet fühlte ich mich bei den Konferenzen im Heinrich-Heine-Haus ungefähr so wie ein junger Stier, den man von einer netten Weide in den Schweizer Alpen in eine riesige Stierkampfarena gebracht hatte. Er hatte keine Ahnung, was mit ihm geschehen würde. Er wusste nicht, was die journalistische *capa* bedeutete, hatte noch nie einen Medien-Matador gesehen, nicht einmal einen Rinderpferch. Er ignorierte Angst und Schmerzen, bestand aber völlig überraschend alle Tests. Wohl war er tapfer und ging sogar selbst zum Angriff über – solange, bis aus der Mitte der Arena der Matador winkte. Mit seinem aufreizenden Gehabe, seinem süßen Grinsen und seiner *capa.* Mit Aufträgen, die dich an die unglaublichsten Orte der Welt bringen würden, lockte er dich.

So wird der junge Stier so lange manipuliert, bis sein Zorn und seine Wildheit einen Höhepunkt erreichen, der ihm einen schönen Glanz schenkt.

Und er wird nie mehr zu seiner Schweizer Herde

zurückkehren. Ein Leben lang wird er dieses Rund der Arena in sich tragen: Das *Ding*. Und er wird siegen, siegen, siegen – bis ihn einer der Kampfstiere zu töten versucht, weil er angeblich das große *Ding* verraten hat.

Trotz allem, es gelang mir, einige aufregende Themen durchzusetzen: Hundekämpfe in Deutschland. Satanische Kultkiller in Nordmexiko. Alltag im Palästinenserlager. Ironkids-Wettbewerb in den USA. Der Mann und sein Glied. Coca-Bauern in Kolumbien. Cholera in Peru. Das Geheimnis *Andre Agassi*. Alltag russischer Soldaten in ostdeutschen Kasernen. Alltag von IRA-Aktivisten in Belfast. Aufstand in den Banlieus von Paris. Das Geheimnis *Bernd Schuster*. Englische Hooligans vor der WM 1990. Der russische Serienmörder Andrey Tschikatilo. Die längste Welle der Welt an der peruanischen Nordküste.

Heute kann ich nicht mehr genau sagen, ob ich das eine oder andere Thema vielleicht aus einer amerikanischen oder englischen Zeitschrift geklaut hatte. Was ich jedoch mit gutem Gewissen sagen kann: dass ich meine Stories mit großer Ernsthaftigkeit vorbereitete und mich teilweise mehrere Wochen vor Ort um eine saubere Recherche kümmerte. Auch wenn beim Schreiben die verrücktesten Dinge passierten. Manchmal verlor ich die Kontrolle und schrieb einfach auf, was ich an meinem Schreibtisch in der Yorckstraße oder in meinem kleinen Loch in Hamburg, wo ich zur Untermiete wohnte, gerade passend und aufregend fand.

Nun machte ich mir nicht viel daraus, wenn irgendetwas schief ging oder nicht perfekt vorbereitet war, was vor allem die Fotografen irritierte, die mich begleiteten. Ich arbeitete mit ausgezeichneten Leuten zusammen, mit denen ich manchmal wochenlang unterwegs war: Leute wie Mary Ellen Marks, Alex Webb, Susan Meiselas, James Nachtwey, Wolfgang Tillmanns. Unsere Fotoredakteurin Astrid Proll hatte eine phantastische Spürnase, und sie unternahm alles, um uns nur mit den Besten der Besten zu versorgen.

Diese Fotografen merkten sehr rasch, dass ich meinen Job ziemlich locker nahm und eine eigene Vorstellung davon hatte, wie eine Recherche ablaufen sollte. Und es gab manche, die sich später bei Astrid Proll über mich beklagten. Aber eben auch solche, die gute Freunde wurden und auch in Zukunft mit mir arbeiten wollten. Zum Beispiel Susan Meiselas, mit der ich am liebsten gleich für immer im bolivianischen Dschungel geblieben wäre. Aber das ging schon deshalb nicht, weil sie in Eile war und einen großen Fotografen-Preis der New York Times abholen musste, den sie für ihre Sandinista-Bilder gewonnen hatte.

Unter Druck setzen ließ ich mich nie. Und unterwegs verlor ich nur selten die Nerven. Vielleicht weil ich eben gerade keine Verantwortung spürte, die Realität so wichtig zu nehmen. Ich fürchtete mich weder vor Gefahren noch vor Chaos oder *Deadlines.* An der mexikanisch-texanischen Grenzwüste wurde ich einmal bei Recherchen von üblen Satanikern drei Tage lang festgehalten und erst wieder freigelassen, als ich Videokamera und Bargeld aushändigte.

Doch selbst wenn bei einer Recherche etwas schief lief, war ich total überzeugt, am Schreibtisch zu Hochform aufzulaufen. Der Text würde alle Probleme lösen. Natürlich war ich auch davon überzeugt, dass man nicht alles mit eigenen Augen erleben musste, um über die so genannte Wirklichkeit zu schreiben. Ich kann rückblickend auch nicht hundertprozentig behaupten, dass bei meinen Recherchen immer alles mit rechten Dingen zuging. Sonderbare Dinge sind geschehen. Aber ich bereue keinen Augenblick davon. So wenig, wie es etwa jemand bereut, das letzte Stück, sagen wir, einer Sprüngli-Torte hinuntergeschlungen zu haben, wenn er im Dezember in einem abgelegenen Schweizer Alpental im Schnee festsitzt, kein Mensch weiß, wo er ist, und er sieht zum letzten Mal in seinem Leben die Sonne über dem Jungfraujoch untergehen.

Ich erzählte Helge, dass ich nicht genau wusste, warum ich Journalist geworden bin. Unserem Methusalix gegenüber – Helge war 35, ich bin zehn Jahre jünger – kam ich mir vor wie der Schüler auf dem Nebensitz, der dem erfahrenen Journalisten zuhören wollte, wie ein Getreuer des Gautama Buddha, der auf einen Weisheitsblitz wartete, den Helge vielleicht für den Kollegen aussandte, nahe Braunschweig, nahe Helges Heimat. Und vielleicht würde er mir ja eine Lösung für das grundlegende Dilemma des Menschseins liefern, für die Unsicherheiten in meinem

Wesen, für die Abgründe in der Seele, das innere Zittern und die Ungeduld.

Als die riesigen Kamine von Salzgitter am Horizont bereits wieder verschwunden waren, hatte noch kein Blitz eingeschlagen. Nichts war passiert. Wir schwiegen für eine Weile.

Ich fragte ihn, ob wir nicht besser auch die Provinz berücksichtigen sollten. Schweinfurt, Bad Kissingen, vielleicht Ingoldstadt.

Er lächelte bloß müde, und das hieß wohl: Lass uns nach München fahren. Wir blieben auf der A7, rauchten noch ein bisschen mehr, und Helge spielte mir seine Lieblingstapes vor. Irgendetwas von Grand Funk Railroad. Und plötzlich, in der Vorstadt von München, begannen wir zu reden wie zwei aufgeregte Mädchen, die sich denken: der Rest der Welt muss doch blind sein, um all das nicht zu sehen, was wir sehen.

Schwer zu sagen, warum diese Fahrt mit Helge heute so schön und wichtig in meiner Erinnerung festsitzt. Vielleicht hat es damit zu tun, dass ich in ihm einen Verbündeten erkannte. Recherche als neue Erfahrung. Unruhe in die Welt bringen. Masken aufsetzen, die Lügner entlarven.

Helge lächelte nur. Nichts war geklärt. Zum Beispiel, ob ich mit ihm wirklich offen über meine journalistischen Strategien reden konnte. Vielleicht hatte ich damals sogar einen Hilferuf abgeschickt. Vielleicht sollte mir Helge nur die Hand geben und mir erklären, wie ich zur Herde zurückfinden würde.

Als wir in München ankamen, war ich nicht einmal mehr sicher, ob mich seine Antwort interessiert hätte. Ich wünschte mir nur noch, möglichst weit von allen Journalisten wegzukommen. Es half nichts.

Schließlich mussten jetzt 10 000 Mark unter die Dealer gebracht werden.

Ein Leuchten am Horizont

Zwei Wochen später, als alles vorbei war, fragte mich Helge irgendwann, wo ich den Stoff eigentlich aufbewahrte.

Natürlich war Helge nicht der einzige in Hamburg, der das wissen wollte. Leute, die absolut nichts mit der Story zu tun hatten, verbreiteten das Gerücht, ich würde die Ware in St. Georg verkaufen oder mir einfach selbst reinziehen.

Was nicht stimmte.

Ich hatte die Ware in einem Schreibtisch in der Redaktionsetage von Altona deponiert. Doch sie schrumpfte wöchentlich dahin, es wurden immer weniger Briefchen, wirklich seltsam. Jedes Mal, wenn ich nachschaute, war es wieder ein bisschen weniger. Stoff im Wert von 10 000 Mark konnte sich nicht einfach in Luft auflösen.

Die *Drogenlandkarte Deutschland* kam nie ins Heft. Es war dann doch zu schwierig, ein unabhängiges Labor zu finden, das die Ware auf Qualität testete, ohne Fragen zur Herkunft zu stellen. Was mit dem Heroin, Kokain und LSD aus Deutschland letztlich geschah, weiß der Himmel.

Die Recherche hatte mich jedenfalls verwandelt. Ich

fühlte mich selbstbewusst, anders und neu. Könnte man es *unantastbar* nennen? Feinde oder die, die sich dafür hielten, würden mich bald als *selbstherrlich* und *größenwahnsinnig* bezeichnen.

Einige Wochen später fand in einer Hamburger Privatwohnung eine dieser schrecklichen Tempo-Partys statt, wo alle unsicher herumstehen und sich müde anschauen. Der Chef fragte mich fast ein bisschen besorgt, wie es mir ergangen sei auf meiner Reise durch Deutschland. Als ob er prüfen wollte, ob ich gestärkt aus meinem letzten Rechercheabenteuer hervorgegangen war.

Ich erzählte ihm, dass ich stundenlang den verzweifelt Süchtigen an U-Bahn-Ausgängen und in Hauptbahnhöfen gegeben habe. Das fand er lustig, der Schelm, als ob er sich selbst gerade gratulieren wollte, weil er spätestens jetzt einen richtigen Reporter aus mir gemacht hatte. Ich verschwieg ihm, dass ich bei der verdammten Warterei, zum Beispiel am U-Bahnhof Giselastraße, manchmal kurz davor war, alles hinzuschmeißen.

Der Chef fuhr sich nervös mit der Zunge über beide Mundwinkel, daran kann ich mich komischerweise ganz genau erinnern. Und grinste sein sympathisches Grinsen. Ich erzählte ihm, dass ich weit nach Mitternacht am Münchner Olympiastadion an einem riesigen Parkplatz auf einen Dealer gewartet habe, den ich an einem 1860er-Hemd erkennen sollte, wie mir ein Informant erklärt hatte. Ich stand dort ein wenig verfroren herum, sicher über eine Stunde. Aus Langeweile habe ich mich plötzlich gefragt, ob diese Geschichte wirklich nötig sei. Später bin ich mit dem Dealer einfach mitgegangen, der im Übrigen ein FC-Bayern-Hemd getragen und ein bisschen dem jungen Kurt Raab ähnlich gesehen hat. Zuerst ins P1. Und später zu ihm nach Hause. Klar waren bei diesem Typen keine 20-Mark-Briefchen drin. Tausend mussten es schon sein, wenn man gut behandelt werden wollte. Es wurde dann ein beschaulicher stiller Morgen in München.

Der Chef lächelte bloß, seinen Arm auf meine Schulter gestützt. Er schien sich über die Abenteuergeschichten seiner Krieger gut zu amüsieren.

Dann standen der Chef und ich sehr nahe beieinander. Ich konnte seinen Atem spüren. Alles erschien mir rein und einfach in diesem Moment, und ich realisierte, dass es die eigene Hilflosigkeit ist, die einen dazu bringt, solche Situationen nicht zu nutzen. Ich wollte ihm eigentlich erzählen, dass ich mich wie ein Außenseiter unter Außenseitern fühlte. Dass ich den Redaktionsalltag nicht länger aushielt. Aber ich habe es nicht getan. Viele Dinge blieben bei Tempo unausgesprochen. Das war natürlich viel cooler. Es half dem Mythos.

Im ominösen Jahr 1992 saß ich plötzlich einem neuen Chefredakteur gegenüber. Es war Michael Jürgs, ein Ass, jemand, der schon den Stern geleitet hatte und jetzt den großen Traum deutscher Blattmacher träumte: aus Tempo eine Art Vanity Fair für Deutschland zu machen. Er hatte mich nach Hamburg eingeladen – um mir feierlich meine Kündigung auszuhändigen.

Vor ihm hätte ich damals, statt meine Maske herunterzureißen oder mich sonst wie zu offenbaren, lieber Kikis Bowie-Messer gezogen und ihm sein blödes Grinsen aus dem Gesicht geschnitten. Stattdessen schaute ich ihm dabei zu, wie er mir meine Unfähigkeit erklärte. Wie er mir erzählte, was ich alles nicht konnte. Eine lange Liste.

Wir saßen also in dieser schrecklichen Bürozelle des Jahreszeiten-Verlagshauses, es war wirklich ein feierlicher Moment, denn ich merkte schon, wie Herr Jürgs stolz dachte, etwas wirklich Notwendiges für die deutschen Printmedien zu vollenden, indem er mit mir zugleich eine Art Virus vernichtete. Ich hörte gar nicht richtig hin, dachte bloß an mein Messer und an das Schicksal, das aus Menschen mitleidlose Tiere machen kann, die sich zufällig auf der Straße begegnen.

Ich vermutete, dass Jürgs vorhatte, Tempo von jenem Unrat zu entfernen, für den er insgeheim womöglich Markus Peichl verantwortlich machte. Und ich galt als der schlimmste Unrat überhaupt. Einer, der Zitate seiner Lieblingsautoren einfach in seine Texte übernahm, ohne sie als solche auszuweisen und dann irgendwas von Sampling faselte. Einer, der Orte und Menschen beschrieb, die er nie gesehen hatte oder nur von Bildern kannte. Einer, der einfach machte, was er wollte, und bei dem es noch dazu grausam an Syntax und Grammatik haperte.

Jürgs schaute mich beim Kündigungsgespräch mit hartem Blick an. Ich glaube, er wollte nicht, dass ich noch irgendetwas sagte. Aber er hätte wohl auch gerne die Wahrheit über mich gewusst.

Zum Abschied sagte er herzhaft, dass er mir absolut nichts glaube, was ich in meiner allerletzten Geschichte über den Serienmörder Andrey Tschikatilo geschrieben hatte. Kein Wort.

Ich wollte ihm nichts mehr entgegnen, denn obwohl ich meine letzte Tempo-Reportage in Rostow am Don ganz klar vor Augen hatte – phantastische zehn Tage Russland, nahe des Kaukasus – war es jetzt umso schwerer, einem Menschen wie Jürgs klarzumachen, dass ich nicht einfach über die Ergebnisse einer Recherche schreiben konnte. Ich musste davon berichten, was ich mir eingebildet hatte, als ich recherchierte. Und es war mir ernst damit, dass ich in solchen Momenten immer auf ein Wunder hoffte. Und ich wusste, dass diese Wunder auch passieren konnten, bloß dass sie meistens überhaupt nichts mit der Geschichte zu tun hatten. Natürlich hätte ich auch von der Ereignislosigkeit schreiben können, aber das war nie der Sinn von Tempo gewesen. Ich fand es notwendig, eine Wahrheit zu entdecken. Auch wenn es bloß meine eigene Wahrheit war.

Jetzt, nach meinem Rauswurf, war die Welt, so wie ich sie gekannt hatte, an einem Ende angekommen. Wo ging einer wie ich jetzt hin?

Zunächst zog ich mich in meine Wohnung in der Yorckstraße zurück und schrieb einige sehr langweilige Geschichten. Aufträge von Special-Interest-Magazinen und Supermarktblättern, die einem angenehme Honorare offerierten, einen auf nette Reisen schickten und wenig Fragen stellten. Alles erschien mir plötzlich niederschmetternd angepasst. Vielleicht hätte ich dieses überbelichtete Aquarium *Journalismus* einfach verlassen müssen. Eine gewisse Unsichtbarkeit wäre vielleicht gar nicht so übel gewesen. Früher oder später – ob es einem gefiel oder nicht – würden wir alle unsichtbar werden.

Zum ersten Mal wurde mir klar, dass man auch ohne Emotionen und Risiko, aus rein kommerziellen Gründen, schreiben konnte. Ich wurde jetzt zum Süchtigen ohne Stoff, ohne journalistische Heimat, total auf Entzug.

Vielleicht hätte ich den Schritt wagen sollen, in die Normalität eines journalistischen Alltags einzutauchen. Zum Beispiel beim Berner Bund oder bei einer Friedhofszeitschrift. Erst mal erwachsen werden, dann Karriere machen, so wie es andere vormachten. Die jetzt locker in den dritten Gang schalteten und den Sprung in die etablierten Blätter schafften: Spiegel, Stern, Süddeutsche Zeitung und so weiter. Davon war ich Lichtjahre entfernt.

Doch einer im Voraus geplanten Karriere hatte ich ohnehin nie großen Wert beigemessen. Schließlich habe ich über die Jahre auch gemerkt, dass ich mich mit sehr wenig Geld und Schulterklopfen durchs Leben schlagen kann. Meine Erwartungen hatte ich immer niedrig gehalten, das lernte man als Jugendlicher in einem Schweizer Stadtteil wie der Länggasse in Bern ganz gut.

Trotzdem wurde es Zeit, zur Abwechslung einmal ernsthaft nachzudenken und eine Strategie zu entwerfen. Ich hatte ja auch einige Erfolge gehabt als Journalist, auf die sich etwas aufbauen ließ. Es gab bestimmt dort draußen im großen Deutschland auch Leser, die meine Stories mochten.

Ich wurde scharf darauf, mehr über Journalisten zu erfahren, zumindest über solche, die ihr eigenes großes *Ding* vorbereiteten.

Bald sollte ich jenem Mann begegnen, der mir eine Zukunft deutete, wie ich sie glänzender noch nie am Horizont gesehen hatte. Ich erinnere mich sehr, sehr gut an ihn. Als ich zum ersten Mal mit ihm in Berlin in einem Restaurant saß, schlang er das Essen auf seinem Teller in Rekordzeit herunter. So etwas hatte ich noch nicht erlebt. Das hat mich ein wenig überrascht. Der junge Mann speiste wie einer, der gerade aus der Isolationshaft kam.

Wenn Besucher aus dem schönen Süden oder Norden in Berlin eintrafen – in dieses Ungeheuer namens Nach-Wende-Berlin –, dann spürten sie vielleicht, dass sie ein bisschen Schutz brauchten, jemanden, der sie durch die Dunkelheit des Ostens und unbekannte Stadtlandschaften führte. Einen, der sich auskannte. Einen Kerl wie Tom.

Ich erinnere mich an einen Spaziergang, den ich mit

Susanne Schneider im Niemandsland des ehemaligen Grenzübergangs Invalidenstraße Ecke Chausseestraße unternahm. Wie es zu diesem Spaziergang kam, weiß ich nicht mehr. Ich weiß bloß, dass sie die Tochter des wichtigsten Journalistenlehrers Deutschlands war, die Tochter von Wolf Schneider. Das war auch ihr *claim to fame* bei Tempo gewesen, so wurde sie mir jedenfalls von Markus Peichl vorgestellt.

Im graugrünen Gelände des einstigen Todesstreifens war dieses Treffen meine erste Kontaktaufnahme mit der großen Süddeutschen Zeitung. Wir haben natürlich auch ein bisschen über das inoffizielle Ende von Tempo gesprochen: dass alles nach dem Abgang von Peichl nur schlechter werden konnte. So redeten Susanne Schneider und ich schon völlig nostalgisch über jene Zeit, die noch gar nicht so lange her war. Dass ich selbst bald ein Experte in Sachen Mythosmaschine werden sollte, konnte da noch niemand ahnen.

Ein anderes Mal nahm mich ein ehemaliger Tempo-Kollege in Berlin zum Essen mit, vielleicht um mich ein bisschen auszuhorchen, was ich denn jetzt für Pläne habe. Wir saßen am Tisch eines neuen Italieners im damals noch desolaten Ostteil der Stadt. Als mein Teller mit den feinen Ravioli vor mir stand und ich, so wie es sich gehört, warten wollte, bis auch der Kollege sein Essen serviert bekam, war der schon mit seiner Gabel direkt in meinen Teller hineingefahren. Er sei so hungrig. Was sollte ich da sagen? Wir sitzen doch alle im gleichen Boot, mochte er sich gedacht haben. Oder würden doch zumindest alle vom gleichen Teller essen.

Als das neue Berlin und die Wiedervereinigung für mich, den Schweizer, immer mehr Ödnis, immer mehr Deutschland und immer weniger Genuss versprachen, begann ich konkret über meinen Abschied aus Deutschland nachzudenken.

Es war jene Zeit, als die Stadt gleichzeitig immer mehr Menschen anzog. Vor allem auch Leute aus München, die das damalige Berlin vielleicht als monströs wahrnahmen. Schließlich könne man in diesem *neuen Ding* namens Berlin-Mitte noch nicht mal seinen Porsche nachts sicher parken, hieß es. Sie fanden Berlin geradezu chaotisch unsexy, und auch ein bisschen zum Fürchten.

Zu diesen Vorsichtigen gehörte auch jener junge Mann, den ich erstmals richtig wahrnahm, als er sein Essen im Eiltempo verschlang, und jetzt saß er neben mir im Türken-Mercedes und ließ sich von mir durch die Stadt fahren. Eine ausgezeichnete quadrophonische Lautsprecheranlage sorgte für eine angenehme Soundkulisse. Vielleicht haben ihn auch die tiefen Bässe beeindruckt, mein Gespür für filmische Orte, wie er sagte, oder dass ich mal Skirennfahrer war. Keine Ahnung. Vielleicht hielt er mich auch einfach für einen Draufgänger. Kann gut sein. *High Energy*. Einer mit Tempo und Kraft. Stimmt. Bereit für den Marathon im Tempo eines Endspurtes. Schließlich musste dem neuen Deutschland etwas geboten werden.

Ulf Poschardt hatte die Angewohnheit – unter vielen Angewohnheiten, die ich aber erst viel später kennenlernte –, bei einem Treffen oder am Telefon zur Begrüßung zu sagen: *Hey, du alter Punk.* Egal, wo. Ob im WMF in Berlin, in der Tempo-Redaktion oder in München im Biergarten. *Hey, du alter Punk, was machst du?* Ich habe mir nie große Gedanken gemacht, wieso er mich *alter Punk* nannte. Das war so was nett Spontanes. Vielleicht weil ich in Berlin lebte und er in München. Weil ich gerne Springerstiefel trug, Militärhose, kurze Haare. Und er nicht. Wer weiß. Vielleicht sah er in mir die Ökonomie der Selbstzerstörung, eine gute alte Stilisierung des Sich-Wegwerfens. Aber die konnte ja nicht echt sein. Für Münchner Boys war Berlin vielleicht ein bisschen zu hart und zu unmodisch, und darum war für sie alles Punk. Soweit ich das beurteilen konnte, waren Ulfs smarte scharfe Aussagen – gespickt mit Kraftausdrücken wie *alter Punk* – seine Art, einem mitzuteilen, dass er eigentlich auf derselben Seite stand, auch wenn er sich längst entschieden hatte, ein Mitglied des Establishments zu werden. Ich fand seine Ambitionen in Ordnung. Immerhin einer, der es wagte, ganz nach oben zu wollen. Und einer, der gerne über Hollywood redete.

Ich hielt es damals für eine gute Provokation, sich für den Mainstream-Schrott wie Glamour und Hollywood und Stars stark zu machen, den die Meinungsmacher und Alt-Linken für niveaulos hielten. Vielleicht habe ich Ulf damals meine Meinung zu Hollywood und zu Glamour auch ein bisschen genauer erklärt: dass ich einen Pop-

oder Hollywoodstar für eine semifiktive Figur halte – und als solche müsste sie es sich eigentlich gefallen lassen, wenn die Rezeption die Fiktion weiterspinnt. Einige unserer Gespräche fanden in Clubs statt, im WMF oder im Bunker oder sonstwo, wo nicht immer alles klar zu verstehen war. Akustisch. Es war für mich auch schwierig, genau herauszufinden, inwieweit Ulfs Wissen auf realen Erfahrungen gründete. Anfänglich nahm ich an, dass er ein großer, phantastischer Poser mit einem brutal effizienten Hirn war, der wie ein Staubsauger alles aufsaugte und so beschäftigt war, das Aufgesaugte zu ordnen, dass er nie wirklich echt etwas erleben und körperlich erfahren konnte.

Wir hatten ähnliche Vorlieben: Godard und Warhol zum Beispiel. Ohne dass wir uns lange darüber unterhalten mussten. Vieles lief in stillschweigendem Einverständnis ab. So auch das Interview mit Ulf, für das mich eines Tages ganz überraschend das Magazin des Schweizer Tagesanzeigers einsetzen wollte. Ulf hatte gerade das Buch *DJ Culture* veröffentlicht, und ich sollte ein Interview machen. Das erste Interview seit Sinead O'Connor.

Ich fuhr nach München. Als ich in Ulfs damaliger Wohnung ankam, versuchte ich ihm zu erklären, was ich von seinem Buch hielt. Natürlich mochte ich es, und das Interview sollte eine kleine Feier werden. Das wurde mein Text im Tagesanzeiger dann auch, obwohl es dem tatsächlichen Gespräch an Glanz und Spannung gefehlt hatte.

Wie so oft im Journalismus waren die gesprochenen Worte und der gedruckte Text zweierlei. Das Interview war vor allem Schreibarbeit. Ich konnte es weder dem Leser noch Ulf zumuten, Zeuge einer netten belanglosen Plauderei zu werden. Ulf schickte mir nach Erscheinen des Interviews ein Fax. Er bedankte sich dafür, wie super der Text doch gepoppt habe.

Wer weiß, was er in mir gesehen hat. Später sprach er einmal offiziell von Freundschaftsbruch. Doch es gab zwischen uns nicht diese Art von Freundschaft, die schmerzt, wenn man sie bricht. Manche Menschen sind nicht dazu geschaffen, einen besten Freund zu haben, und wir beide könnten dazugehören. Mit jemandem bekannt zu sein, genügte uns vielleicht. Das machte viele Dinge einfacher. Andere wurden komplizierter.

Wir hatten immer eine gute Zeit zusammen. Kein einziger Moment ist mir in Erinnerung, in dem es eine Unstimmigkeit gab. Wir waren immer nett zueinander. Respektvoll.

Bei unserer letzten Begegnung, irgendwann in der zweiten Hälfte der neunziger Jahre, als er nach Los Angeles zu Besuch kam, merkte ich, dass er seinen Teller immer noch sehr schnell leerte. Fast emotionslos. Eigenartig. Ich fragte Ulf, warum er so schnell esse.

Aber er verstand die Frage nicht.

Leben in Bildern

Mein Blick schweift über die Silhouette von Downtown. Ich liege auf unserem Sofa.

Ich könnte auch in Malibu auf einem Badetuch liegen, mit einem Himmel, der vor lauter Raumschiffen ganz schwarz ist, oder ein einsames Mädchen in einem Studentenwohnheim sein, wo über Stehlampen bunte Halstüchern drapiert sind.

Ich habe die Hoffnung nicht aufgegeben, die Vergangenheit korrekt anzuzapfen. Aber manchmal fransen die Bilder aus. Die Chronologie gerät durcheinander. Dann passiert es wieder, dass ich abwesend an einem Zippy-Fläschchen meines zweijährigen Sohns sauge.

Ich schalte den Fernseher an. Irgendeine christliche Sendung auf KCBS. Fox 11 berichtet geduldig über das Feuer in Malibu. MTV News bringt ein Interview mit Chris Martin von Coldplay, der erklärt, dass es in der zerfallenden Gesellschaft höchstens noch rebellisch sei, eine Familie zu gründen. Nur dort finde man zu sich selbst. Hat das nicht Pete Townshend auch schon gesagt?

Ich stelle den Ton ab.

Sind Fotos oder Videotagebücher stärker als Erinnerungen? Dieses Bild zum Beispiel, das bei uns seit sieben Jahren auf dem Kühlschrank klebt, dieses unscharfe Bild, das mich mit Ulf in einem Münchner Biergarten zeigt, ist bloß ein Elementarteilchen. Ein Moment unter vielen. Gerade ein Körnchen von der Wahrheit.

Habe ich in jener Zeit, über die ich gerade nachzudenken versuche, überhaupt reale Erfahrungen gemacht? Vielleicht findet sich mein Leben auf den gesammelten Videobildern. Ich muss bloß diszipliniert danach suchen. Details finden. Bilder des Kampfes, der Liebe, des inneren Aufstands. Mein Leben in bewegten Bildern.

Einige alte Kassetten, Dias und Fotos sind in einer Bally-Schuhschachtel aufbewahrt. Ich hatte sie über Jahre im Bauernhof meines Schwiegervaters in Schnottwil im Kanton Solothurn deponiert, bevor sie hier in Los Angeles gelandet sind. Die meisten Videobänder blieben unangetastet. Der Geschmack jener Bally-Lederschuhe, die mir Nina zum dreißigsten Geburtstag geschenkt hat, steckt noch immer in der Schachtel. Egal, wie viele Löcher mein Gedächtnis hat, diese Bänder müssten doch eine klare Sprache sprechen.

Auf einem der Dias sieht man mich im Büro meines späteren Literaturagenten Matthias Landwehr, auf weiteren Dias belanglose Bilder eines Verlagshauses. Ich habe sie vor Freude gemacht, nachdem ich erfahren habe, dass es für mich eine Zukunft als Schriftsteller geben könnte.

Herr Landwehr hatte offenbar einen Masterplan, um aus jedem einigermaßen bekannten Journalisten einen Schriftsteller zu machen. Keine schlechte Idee. Später wurde er einer der erfolgreichsten Literaturagenten Deutschlands. Und ich gehörte zu seinen ersten Autoren. Aber nicht lange.

Den Kontakt zu Herrn Landwehr hatte der Tagesanzeiger in Zürich hergestellt. Der Berlin Verlag veröffentlichte Richard Fords *Unabhängigkeitstag*, und Herr Landwehr war im Berlin Verlag dafür zuständig, für mich einen Gesprächstermin mit Ford in New Orleans zu organisieren. Richard Ford erhielt 1996 sowohl den Pulitzer-Preis für Literatur als auch den PEN/Faulkner Award. Damit war *Unabhängigkeitstag* der erste Roman, der beide Preise in einem Jahr gewann.

Ich sollte also ein Portrait schreiben über einen der genialen Beobachter des ganz normalen Unglücks, und es wurde eine meiner Lieblingsgeschichten. Die Recherche lief perfekt. Sie begann in Fords Haus im French Quarter, wo er sich zwei Stunden Zeit nahm, alle meine Fragen zu beantworten. Sicher hätte er mit mir auch acht Stunden geredet. Aber mir gingen nach zwei Stunden die Fragen aus. Er lud mich dann zu einer Partie Squash in einen Fitnessclub ein. Wir verließen sein Haus an der Bourbon Street, und auf der Straße merkte ich zum ersten Mal, wie gespenstisch Richard vor sich hin starren konnte. Er starrte so gnadenlos, dass er manchmal erschrak, wenn sein Gegenüber den Blick erwiderte.

Wir saßen zusammen im Lincoln Towncar, Richard setzte sich eine läppische, grellgrüne Brille auf die Nase. Sein Blick verschwand hinter der Lächerlichkeit – das war seine Stärke. Seine hohe Stirn thronte über der Lächerlichkeit – das war sein Geheimnis. In *Unabhängigkeitstag* steht der traurigste und zugleich schönste Satz, der jemals über eine hoffnungslose Vater-Sohn-Beziehung geschrieben worden ist: »... es ist mein Schicksal, viel zu wissen, aber dastehen zu müssen wie ein Laternenmast mit hell brennendem Licht und darauf zu hoffen, dass mein Kind den Schein sehen und sich näher an dieses Licht und die Wärme heranwagen wird.«

Beim Squash schlug ich Richard Ford ganz knapp, was ihn ein wenig ärgerte. Danach fuhren wir an den Lake Ponchartrain und aßen zwei große Kübel *Crawfish*. Er versuchte mir noch einmal klar zu machen, dass seine Figuren allesamt Helden der eigenen Unsicherheit seien. Viel zu spät würden sie erkennen: Was man im Leben verpasst, ist – das Leben.

Im selben Jahr wurde ich für den Joseph-Roth-Preis in Klagenfurt nominiert, dem journalistischen Pendant zum Ingeborg-Bachmann-Preis. Ich war aus Los Angeles eingeflogen worden, nominiert mit eben jener Geschichte über Richard Ford. Aus irgendeinem besoffenen Grund entschloss ich mich, eine andere Geschichte vorzutragen. Keine gute Entscheidung. Mein Stimmungsbericht zum O.J. Simpson-Prozess, veröffentlicht im Magazin des Tagesanzeigers, kam nicht besonders gut an bei der Jury. Ich wurde arg zerzaust.

Eines der Bilder, das mich mit den Nominierten Alexander Osang, Martin Suter und Alexander Smoltczyk zeigt, wurde genau eine Stunde nach der Vernichtung meines Textes aufgenommen. Es zeigt mich total nett lächelnd, im Hintergrund mit dem ebenfalls sehr sympathisch lächelnden Matthias Landwehr, der extra wegen mir aus Berlin angereist war.

Martin Suter, einer der erfolgreichsten Schweizer Schriftsteller der Gegenwart, erzählte im Jahr 2001 in einem Portrait von genau diesem Augenblick. Er schrieb: »Mein unauslöschlicher erster Eindruck von Tom Kummer war die Eleganz und Nonchalance, mit der er diese Niederlage in Klagenfurt einsteckte. Er gewann augenblicklich die Sympathie von uns anderen Mitbewerbern, die wir Angst hatten vor dem, was uns bevorstand. Danach waren wir ihm dankbar dafür, dass er an unserer Stelle die Prügel bezogen hatte.«

Sollte es stimmen, was Martin Suter da beobachtet hatte, dann könnte es sein, dass ich die Fähigkeit besitze, in der Niederlage keinen Schmerz zu empfinden. Vielleicht hat mich das ein Tennistrainer einmal gelehrt. Natürlich muss man sich diese Art Schmerzunempfindlichkeit antrainieren. Vielleicht hatte sich bei mir auch einfach die große Sehnsucht nach seelischer Anästhesie erfüllt. Vielleicht wollte ich meine Gefühle, denen ich misstraute, besser steuern können. Oder ich hoffte, dank fehlender Affekte meine Wahrnehmung zu schärfen.

Aber es könnte auch alles viel einfacher sein. Vielleicht hatte ich mich unter der kalifornischen Sonne und im Schutz der Lüge im Vergessen und Überwinden von Niederlagen gut eingerichtet. Jedenfalls sah ich auf den Klagenfurt-Bildern aus, als würde es mir große Freude bereiten, einfach mit anderen Journalisten als Teil einer kleinen Posse ein bisschen abzuhängen und zu trinken.

Ich schiebe jetzt ein Tape mit der Aufschrift AMMAN-JORDANIEN, 1989, SZ-MAGAZIN in den Rekorder. Ich weiß noch, dass ich damals zum ersten Mal Bilder mit meiner neuen High-8-Videokamera gemacht habe.

Zuerst erscheinen verwackelte Bilder, die Nina am Flughafen Tegel zeigen. Wie sie mir zum Abschied winkt. Wie sie ein bisschen weint. Ein harter Schnitt, die Innenstadt von Amman. Die Fahrt im Taxi führt an einer Demonstration von PLO-Jugendlichen vorbei, die nach Bagdad ziehen wollen, um der großen Miliz von Saddam Hussein beizutreten. Ich hatte damals die Angewohnheit, die Kamera irgendwo hinzustellen und einfach laufen zu lassen. So ergaben sich endlose Einstellungen von Straßenecken oder von Fahrten durch die Stadt.

Selten habe ich die Kamera bewusst eingesetzt. Eigentlich war mir jeder dokumentarische Eifer ziemlich fremd, und das sieht man auch an der Einfallslosigkeit der Bildperspektive. Manchmal hielt ich die Kamera in der Hand und lief irgendwohin – das Bild schaukelt und zeigt den aufgerissenen Asphalt einer Straße in Amman. Oder ich stellte die Kamera auf einen Tisch in einer Teestube in Neu-Delhi – das Bild zeigt Fahrräder und Trischkas, einen Bauern, der bergeweise Hirse verkauft, Kühe und Kinder laufen vorbei. Ein Sammeln von Bildern ins Blaue hinein.

Natürlich kennen wir alle jene wirklich faszinierenden Bilder, die Journalisten in der schönen großen Welt dort draußen zeigen, wo es etwas zu entdecken gibt und wo sie mit einer berühmten Person bedeutende Dinge besprechen. Magazine präsentieren solche Bilder gerne stolz, als ob es tatsächlich eine Art Intimität zu beweisen gäbe. Jede journalistische Strategie, die darauf abzielt, Authentizität und Objektivität glaubwürdig zu simulieren, ist im Grunde faszinierend und einen Versuch wert. Nur hat es mit der Wahrheit nichts zu tun.

Ich spule vorwärts.

Auf dem Monitor erscheinen Bilder von CNN-Reportern im 7. Stock des Intercontinental Hotel, das komplett in amerikanischer Hand war. Es folgt eine Einstellung mit dem Sonderreporter Wolf Blitzer, der in die Kamera winkt. Danach Bilder von mir und englischen Fotografen am Pool. Wir hatten damals sehr viel Zeit. Der Golfkrieg wollte einfach nicht ausbrechen. Ich erkenne jetzt Bilder von Dario Mitidieri, dem italo-britischen Magnum-Fotografen, mit dem ich öfters für Tempo gearbeitet habe. Und hier, Bilder in einer Bar mit dem ARD-Nahost-Korrespondenten Jörg Armbruster, der natürlich auch interessiert daran war, sich mit einem SZ-Magazin-Journalisten zu unterhalten. Die Bilder sind jetzt doch spannender, als ich gedacht habe. Ich spule noch einmal zurück, schaue mir das Gesicht von Armbruster genauer an: Er schien gar nicht zu merken, dass eine Kamera lief. Er sah wohl jeden Tag so viele Kameras, dass ihm nicht auffiel, wenn er aufgenommen wurde. Was er sagt, ist nicht sehr ergiebig. Er fragt mich nach meinem gestrigen Tag aus, nach meinem Ausflug ins Palästinenser-Lager. Journalisten wie er standen unter einem solchen Druck, dass sie nie wirklich persönlich wurden, bloß herauskriegen wollten, was die anderen wissen oder recherchiert haben und wie groß ihr Vorsprung oder Rückstand war. Die wollten nicht einfach eine gute Partyzeit verbringen. Die wollten richtig hart arbeiten, sonst nichts. Für mich gehörte es dazu, mich zu amüsieren und mit meinen Kollegen Spaß zu haben. Zur Auflockerung. Das habe ich sehr genossen. Obwohl ich dabei vielleicht ein bisschen sonderbar gewirkt haben mag.

So ergab sich damals für mich eine wirklich schöne SZ-Magazin-Geschichte über Kriegsjournalisten, die im Intercontinental Hotel von Amman auf den ersten Golfkrieg warteten und sich langweilten und aus Langeweile in der Hotelbar gegenseitig tolle Angebergeschichten von früheren Kriegseinsätzen erzählten. Bis hin zur Diskussion über Sinn und Unsinn von Kriegsreportage im Allgemeinen oder über Kriegsfotografie im Speziellen. Und die dann in der Bar über dem Whisky zusammenbrachen. Oder nervlich erschüttert in die kalte Nacht von Amman liefen und sich irgendwo ein Mädchen oder einen Jungen schnappten und zurück ins Hotel gingen – was dazu führte, dass die Hotelleitung sie verbannte.

Überhaupt gab es unglaubliche Spannungen zwischen Hoteldirektion und Journalisten. Das Warten auf den Golfkrieg war für die Hotels ein Riesengeschäft, sie zockten uns ab, wie sie nur konnten und erhöhten die Telefongebühren um das Zehnfache. Was dazu führte, dass die Journalisten vor dem Hotel einen Protestmarsch veranstalteten. Die Langeweile machte aus den Journalisten sogar Demonstranten. Unglaublich.

Irgendwann fand am Hotelpool eine melodramatische Hochzeit eines Mitglieds der jordanischen Königsfamilie statt, und dazu waren alle Journalisten eingeladen. Ich habe über sechzig Minuten Material: wie wir da auf den Tischen tanzten und uns mit den Leuten vom jordanischen Königshaus amüsierten.

Ich spule weiter.

Der junge Prinz mag gedacht haben, dass Journalisten in Amman, die sich langweilen, vielleicht an einer großen Story über seine amerikanische Braut interessiert sein würden. Paris Match und der Londoner Independent machten dem Prinzen die Freude und veröffentlichten einige Bilder. Ich kann mich nicht mehr erinnern, wer mich bei der Hochzeit unter einem Tisch hervorzog und ins Hotelzimmer schleppte.

Ich weiß nicht, was diese Bilder beweisen sollen. Außer dass es einmal eine Zeit gab, in der ich wie ein ganz normaler Journalist operiert und recherchiert habe. Gut, ganz so normal war es vielleicht nicht. Aber gestört hat es niemanden. Vielleicht haben gewisse Leute auch geschätzt, dass ich die Dinge ziemlich locker nahm. Die Fotografen jedenfalls haben sich gefreut, wenn ich da war. Ich habe denen nie Druck gemacht, sondern immer davon geschwärmt, wie innovativ das Magazin der Süddeutschen Zeitung doch sei, Weltklasse, und wie wunderbar unsere Geschichte dort aufgehoben sei. Ich habe mich immer um einen soliden Hype deutscher Printmedien gekümmert. Vermutlich aber waren einige Fotografen überrascht, dass es ein deutsches Magazin wagte, einen Typen wie mich überhaupt an die Front zu schicken. Und ich war mir dessen bewusst, und entsprechend sorgte ich immer für positive Stimmung. Niemand sollte sich Sorgen machen. Das Leben ist schön und gut. Ich würde das nach meiner Rückkehr am Schreibtisch schon alles regeln. Nachts habe ich die Augen geschlossen und mir immer wieder gesagt: Du bist schon auf dem richtigen Weg.

Am nächsten Tag bin ich erwacht und runter in den riesigen Frühstücksraum, wo schon ein bisschen Wahnsinn und Panik ausgebrochen waren, jedenfalls sah ich den ARD-Menschen Jörg Armbruster mit dem Stern-Menschen Niklas Frank und der französischen Fotografenlegende Luc Delahaye – oder es war Gilles Peress – verhandeln, und ein Schreiber von Le Monde war auch dabei. CNN hatte das Gerücht verbreitet, dass der Angriff der US-Streitkräfte in der nächsten Nacht erfolgen sollte. Ich habe mich dann mit dem neuen Julie-Burchill-Buch oder der Sport-Bild zurückgezogen, weil ich mich nicht von der nervösen Stimmung anstecken lassen wollte.

Ich krempelte die Hosen hoch und tauchte meine Füße in den warmen Pool. Dort saßen auch schon die größten Profis im Warten, die englischen Fotografen Paul Lowe, Dimitri Mitidieri, Alex Webb und einge andere. In solchen Situationen kam ich mir nie wie ein richtiger Journalist vor, eher wie ein Beobachter von Journalisten. Oder als Beobachter meiner Rolle als Journalist. Eine schöne Zeit am Pool, mit Engländern, die womöglich eine Karriere als Happy Mondays der modernen Pressefotografie anstrebten, und alle wollten sie so reden wie Shaun Ryder.

Ich kann mich gut daran erinnern, dass wir damals am Pool oder bei Pressekonferenzen das Großkotzige unserer Haltung kein bisschen elegant verbergen konnten. Wir waren alle so zwischen 25 und 30 Jahre alt, und entsprechend hassten uns die älteren Kollegen. Über mich mögen manche gedacht haben: was für eine Schande für die Süddeutsche Zeitung, dass die so einen Menschen an die Front schicken, der sich in der Bar volllaufen lässt und mit den Fotografen herumhängt. Nie mit den Schreibern. Vielleicht habe ich mir das aber auch eingebildet.

Es laufen jetzt Bilder über den Monitor, die mich und die anderen bei Pressekonferenzen von PLO-Sprecherinnen oder amerikanischem Botschaftspersonal zeigen, die Beine ausgestreckt, Kette rauchend, und vielleicht planten wir schon die nächste Story in einer fernen Welt. Aber wir waren auch diejenigen, die sich in einen Club von jungen Palästinensern wagten, wo komischerweise nur Songs von Public Enemy und den Beastie Boys liefen. Und am nächsten Morgen saßen wir bei einigen dieser PLO-Jungs zu Hause am Tisch und löffelten so eine Art Griesmilch, und eine verschleierte Mutter redete pausenlos auf einen ein, sang was von *Saddam Saddam, der Heilige, der Allmächtige Führer*, strich mir dabei über die Glatze, wünschte sich wohl von uns, dass wir wie der Sohn auch gleich nach Bagdad rennen würden, und dann wurde einem natürlich die obligate Liste von Brüdern und Onkeln in Deutschland ausgehändigt, die wir alle besuchen sollten. Und die Nähe wurde brenzlig, ich war offensichtlich dabei, meine Grenzen als SZ-Journalist mit klar definiertem Auftrag zu überschreiten. Wie weit darf ein Journalist seine professionelle Haltung aufgeben, um in die Tiefe des Privaten vorzudringen? Jedenfalls hatte ich meine Story längst gefunden, da konnte George Bush senior tun, was er wollte. Es gab keine bessere Story als die, in die ich jetzt hineingezogen wurde.

Ich sehe mich beim Tanzen in einem Club, einem jordanischen Schwulenuntergrundclub oder so, wohin mich mein Fahrer und Übersetzer verschleppt hatte. Die Menschen waren so warm und so nett und so verliebt in ihre Körpersprache, man konnte einfach nicht glauben, dass es hier Leute gab, die sich Sprengstoff um den Bauch binden lassen. Und so erzählten wir den zu Hause gebliebenen Qualitätsjournalisten am nächsten Morgen im Frühstücksraum von einem verdeckten Schwulenclub von Amman: wie die Jungs dort auf Kraftwerk und auf Klassiker wie *Tanz den Mussolini* von DAF abfuhren, wie sie dort ein letztes Mal tanzten und dann am nächsten Tag eine andere Rolle annahmen, einen dieser russischen Lastwagen bestiegen und nach Bagdad zogen.

Womöglich sind wir den vorsichtigeren oder älteren Journalisten mit solchen Angeberstories unfassbar auf die Nerven gegangen. Und wir haben das selbst gar nicht gemerkt. Und wie dann die vorsichtigeren, vielleicht auch seriöseren Leute Jahre später nur darauf gewartet haben, es einem wie mir heimzuzahlen. Zum Beispiel mich plötzlich als sichtbares Symbol der Neuen Großkotzigkeit darzustellen, des Falschspiels, des Posertums, des Bluffs, der Angeberei, der Party namens Journalismus; stellvertretend für alle Jungjournalisten, die verdächtigt wurden, das bessere und leichtere Leben zu leben, die funkelnderen Farben in den Augen zu tragen, die besseren Mädchen zu bekommen. Ich war dem Neid der Leute gegenüber eher gleichgültig eingestellt. Dafür hatte ich keinen Riecher.

Den Kischpreis würde ich sowieso nie gewinnen, dachte ich damals. Obwohl ich fand, dass meine Arbeit nicht so schlecht war.

Ich lege ein neues Tape ein.

Die ersten Bilder zeigen mich zusammen mit dem indischen Staatspräsidenten und einer Hindu-Heiligen, über die ich eine SZ-Story schreiben sollte (beide Namen habe ich leider vergessen; traurig, aber wahr).

Mehr Bilder aus Teestuben in Neu Dehli. Standkamera-Bilder, die ein fortwährendes Kommen und Gehen festhalten. Es sind diese immer wieder auftauchenden Momente des unruhigen Herumlungerns und Zeit-Totschlagens als Journalist, die das Gegenteil von Tempo und Bewegung darstellen. Sehr angenehmer Stillstand.

Es folgen abenteuerliche Aufnahmen aus Sri Lanka: eine Fahrt im Floß, das mich und einen englischen Fotografen in ein Camp der Tamil Tigers hinter die Linien der Regierungssoldaten bringen sollte, wo wir auf Zwölfjährige stießen, die Kalaschnikows schulterten und Zyankali-Kapseln um den Hals trugen (SZ-Magazin berichtete). Den Namen des englischen Fotografen will ich jetzt nicht nennen, es war ein netter Mensch, aber leider total paranoid. Nach Einbruch der Dunkelheit wurde er im Camp der Tamil Tigers von einer Panikattacke heimgesucht. Er war plötzlich überzeugt, dass die Tigers uns als Geisel nehmen würden. Uns womöglich erschießen würden. Unser Aufenthalt hatte natürlich ein wenig länger gedauert als geplant, vier Tage statt 24 Stunden, wenn ich mich richtig erinnere, bis sie uns dann wieder gehen ließen. Aber die Kindersoldaten und ihre Kommandanten waren sehr freundlich. Es gibt Bilder, die zeigen mich bei der Töpferarbeit mit einem etwa zehnjährigen Tamil Tiger. Und immer standen drei, vier Jungs beieinander, massierten sich, wuschen sich gegenseitig den Rücken, so eine intime Jungenwelt, natürlich immer flankiert von Kalaschnikow, Panzerfaust und Zyankali. So vergingen damals die Stunden. Und ich erlebte dabei, wie schon in Bolivien mit Susan Meiselas, unvergesslich schöne Momente: die Entdeckung der Langsamkeit. Und mein Fotograf wurde immer paranoider. Und es gab einfach kein Floß, das uns wieder hätte zurückbringen können. Doch mir machte das nichts. Ich wäre auch geblieben, wenn sie mich gefragt hätten. Aber ich musste schon allein deshalb zurück, weil mich der Fotograf für die Verzögerung verantwortlich machte. Schließlich hatte ich in Colombo den Kontakt zum Roten Kreuz und zu dem Pfarrer organisiert, der uns den Weg ins Camp gesichert hatte. Später warf mir der Fotograf vor, ich hätte fahrlässig gehandelt.

Mag sein. Heute würde ich das sicher auch nicht mehr so machen – seit 9/11, Afghanistan und Bagdad hat es einfach zu viele Journalisten erwischt. Aber damals war das ein abenteuerlicher Ausflug, und über Sicherheit habe ich nicht nachgedacht. Nicht mal München wusste genau, wo ich steckte. Womöglich war es ihnen auch egal. Erst als sie die Bilder sahen, haben sie wohl gemerkt, was für eine Leistung das gewesen sein muss. Nicht dass ich irgendwie eine Auszeichnung oder ein Kompliment erwartet hätte. Nicht von einer deutschen Redaktion.

Jetzt sind verwackelte Aufnahmen von einem Schädel zu sehen, mit Einschussloch in der Stirn. Der Schädel, der vermutlich von einem Regierungssoldaten stammt, wurde mir von den Tamile Tigers geschenkt, und ich habe ihn bis nach Berlin geschmuggelt. Das ist verrückt, gebe ich zu. Den Schädel gibt es. Und die verrückten Dinge gibt es auch.

Dieser Schädel taucht noch einmal in einer Sequenz mit Tempo-Journalisten auf, die bei mir in der Yorckstraße abhingen, einige wollten dort auch übernachten. Ich weiß nicht mehr genau, wann das war. Vielleicht anlässlich einer Tempo-Party in Ost-Berlin. Der Schädel stand mit anderen Knochen als Dekoration im Wohnzimmer, und ich glaube, das Morbide dieser Wohnung hat nicht allen Gästen behagt. Auch nicht meinem Freund, dem die Wohnung offiziell gehörte: dem heute legendären Kunstdetektiv Clemens Toussaint.

Auf den Bildern von der Wohnung in der Yorckstraße sind jetzt der Art Director Walter Schönauer zu sehen, der schönste Mensch von Tempo, und ein junges Ding mit Rehaugen, das man hier Casati rief. Ein Typ von Spex wird mir vorgestellt, der irgendetwas über die ganze Schreiber-Generation von Tempo rekonstruieren wollte, weil das die Jüngeren vielleicht in hundert Jahren interessieren könnte: wie man sich, frisch von der Schulbank oder sonst wo aus dem Nichts plötzlich diese 6000-Mark-Schreiberjobs reingezogen habe, mehr eigentlich zum Angeben. Das würde vielleicht auch Moritz von Uslar bestätigen, der jetzt zweimal kurz auf den Videobildern in meiner Wohnung zu sehen ist. Jedenfalls sieht dieser Typ Moritz sehr ähnlich, der alte Rocker und Poser, wie er sich selbst gerne nannte. Ich müsste eigentlich wissen, ob dies wirklich Moritz ist auf dem Video, denn er redigierte Jahre später einige meiner SZ-Magazin-Interviews und wurde sowas wie mein letzter Freund unter den kummergeschädigten SZ-Leuten.

Thomas Hüetlin ist jetzt zu erkennen, wie immer ein bisschen gehemmt steht er da in meiner Wohnung herum, heute muss man sich fast fragen, ob das bloß seine Masche gewesen ist, so gehemmt dazustehen. Das sieht alles sehr schön unspektakulär auf diesen Bildern aus. Die Bilder, jetzt in Zeitlupe, lassen präzise Details einer neuen Kultur erkennen. Jungjournalisten bewegen sich durch eine große alte Berliner Wohnung. Und ihre Kultur drückt sich in den kleinen Dingen aus, dem viel belächelten Lifestyle. Thomas Hüetlin trägt seine Utah-Jazz-Baseballmütze, die er sich mal von mir anlässlich eines USA-Besuchs gewünscht hatte. Wieso er genau die haben wollte, weiß ich bis heute nicht. Aber er wird sich dabei schon was überlegt haben.

Hinter Thomas Hüetlin lallt jetzt Moritz von Uslar.

Immer lallt einer, das ist natürlich lustig, doch auf Videobildern wirkt es anders. Ich will darüber gar nicht zu lange nachdenken, sondern gleich weiterspulen, sehen, was da noch kommt: ein Interview mit Johnny Rotten im Chateau Marmont Hotel am Sunset Boulevard. Wieder ist Thomas Hüetlin dabei. Da arbeitete er bereits für den Spiegel. Und ich war dort für das Magazin des Tagesanzeigers. Ich glaube, Hüetlin war vor mir dran.

Und dann began sie. Es begann die Zeit der schönen Hotelzimmer von Hollywood. Meine Zeit als Star-Interviewer.

Es gibt kein Zurück mehr.

Abheben

Die Böden der Viersterne-Hotels sind mit zentimeterdicken Spannteppichen ausgelegt, bunt gemustert und so weich, dass es sich beim Laufen anfühlt, als ob man gleich abheben würde.

So schwebe ich zu meinem ersten so genannten Star-Interview im Four Seasons Hotel in Beverly Hills. Niemand kann mich jetzt noch stoppen.

Mitarbeiter des Magazins der Süddeutschen Zeitung hatten mir im Herbst 1995 die Teilnahme an einem so genannten Junket, einem Gruppen-Pressegespräch, mit dem Fräuleinwunder der amerikanischen Seifenoper und Klatschblätter ermöglicht: mit Pamela Anderson. Wieso ausgerechnet sie, wusste ich erst einmal nicht genau.

Vielleicht deshalb, weil sich Moritz von Uslar, der beim SZ-Magazin damals als Redakteur arbeitete, daran erinnerte, dass ich bei Tempo oft für die schwierigen, unlösbaren Fälle eingesetzt wurde. Und Pamela galt damals nicht nur als besonders schwieriger Fall, sondern es war wohl auch unter der Würde der Edelfedern des Feuilletons, über sie zu schreiben. Als ich mich spontan bereit erklärte, an dem Junket mit Pamela teilzunehmen, war ich zuerst selbst ein bisschen geschockt (und dachte, der Begriff *Junket* habe etwas mit Sucht oder Heroin zu tun). Alles lief zunächst perfekt ab. Als ich mich von Nina verabschiedete, sagte ich ihr, als wären es die letzten Worte eines Astronauten vor seiner Todesmission: »Baby, ich muss es jetzt einfach tun.«

Es ist Herbst. Ich parke meinen Wagen viel zu weit weg vom Hotel, irgendwo auf der 3. Straße in der Nähe des Cedar Sinai Hospital. Ich renne Richtung Four Seasons, weil ich unbedingt pünktlich sein will. Und marschiere schnell an den Hotelportiers in ihren Fracks vorbei. Niemand schaut mich komisch an. Alle grüßen mich freundlich, lächeln mich sogar respektvoll an. Ich trage eine alte Sonnenbrille mit einem Horngestell, einen glänzenden Siegelring und schöne alte All Star Converse, außerdem einen dunkelbraunen Anzug im Stil eines leicht desillusionierten Country-Gentleman. Der Anzug hat einige Flecken und kleinere Mottenlöcher, und meine Freundin hat ein Stück Stoff auf die rechte Schulter genäht, auf dem steht: IDIOT? Mein Haar ist kurz, aber nicht kahl geschoren, und ich sehe trotz Dreitagebart nicht unfreundlich aus. Ich schwitze ein wenig von der Hetze, daran erinnere ich mich genau. Und bilde mir sogar ein, dass mein Gesicht seit dem Betreten des Four Seasons ein bisschen rot angelaufen ist, meine Augenlider zucken so komisch. Vielleicht aus Unsicherheit oder Anspannung.

Und weil mir jetzt fast ein bisschen übel wird vor Aufregung, gehe ich zuerst in eine der Hoteltoiletten in der Lobby. Dort geschieht etwas Seltsames: Irgendwie fühle ich mich plötzlich von einem farblosen Geruch umzingelt. Das Licht hat etwas Kleenexweißes. Ein Bildschirm hängt über der großen Spiegelfront. Vielleicht um diesen Geruch zu entfernen, beuge ich mich unter den Wasserhahn und spritze mein Gesicht mit kühlem Hotelwasser ab. Als ich mich aufrichte und Richtung Bildschirm blicke, sehe ich dort eine Aufnahme vom Strand in Santa Monica, wo irgendein gerade angesagter Hip-Hop-Artist – ich glaube, der gute Coolio – seine Girls vor einem hüpfenden Low Rider tanzen lässt. Man kennt diese L.A.-Bilder auf der ganzen Welt. Sie sind immer gleich, egal ob Coolio läuft oder Baywatch: sexy Girls, sexy Autos, Palmen, Strand, jacuzziblauer Himmel. Und aus irgendeinem übertrieben empfindlichen Grund habe ich ein Riesenproblem mit den verdammten MTV-Videobildern, die tonlos über den Schirm laufen. Ich kann es auch nicht erklären, wieso mich das ausgerechnet jetzt aufregt, auf der Toilette des Four Seasons Hotels, kurz vor meinem ersten Star-Interview. In den letzten Tagen ist der Himmel über Los Angeles schiefergrau gewesen, und am Himmel ist an solchen Tagen überhaupt nie eine Spur von Sonne zu sehen, die Luft hat etwas Einwegmüllartiges, die Struktur von klebrigem Kleenex, als ob in so einer Nullzone kein Leben existieren oder auch nur irgendetwas atmen könnte. Das ist Hollywood.

Warum muss ich ausgerechnet jetzt einen nihilistischen Anfall bekommen? Um mich zu beruhigen, trete ich näher an die Spiegelfront heran und studiere mein Gesicht. Ich entdecke einen kleinen Pickel auf der Stirn. Den habe ich wirklich noch nie gesehen. Soll ich ihn vor dem Interview ausdrücken? Der Pickel hat eine graue Tönung. Ist das vielleicht *das* Virus? Ich muss an das denken, was ich mal bei William S. Burroughs gelesen habe: dass einem im Leben ständig irgendwelche Furcht- oder Hässlichkeits-Viren um den Schädel herum wirbeln, und sind sie erst einmal drinnen im Körper, begehen sie augenblicklich irgendeine selbstzerstörerische Handlung, die man dann unaufhörlich auf dem Bewusstseinsschirm präsentiert bekommt. Was macht so ein Pickelvirus auf der Stirn? Es fängt an zu fressen. Und was macht es mit dem, was es frisst? Exakte Kopien seiner selbst, die wieder zu fressen beginnen, um weitere Kopien zu machen, bis die Virus-Macht den Wirt allmählich durch Virus-Kopien ersetzt. Dein Körper entleert sich. Ein unendlicher Bandwurm deprimierender Wörter und Bilder bewegt sich plötzlich durch deinen Kopf, mit konstanter Geschwindigkeit, und das alles lässt einen natürlich ziemlich blöde dastehen. So fühle ich mich vor meinem ersten Star-Interview.

Zum Glück entdecke ich eine Gratislotion von Esther Lauder. Erst jetzt bemerke ich, dass über die Hotellautsprecher irgendein Song von Yanni läuft, einem Sänger, den besonders die persischen Frauen von Beverly Hills abgöttisch verehren. Mir fällt ein, dass mir Christian Kracht einmal erzählt hat, *Yanni* würde Vagina bedeuten, in einer der seltenen Sprachen, die er auf seinen Reisen zwischen Afghanistan und Vietnam aufgeschnappt habe.

Die Toilettenspülung ist zweimal zu hören. Ich starre mich immer noch an und überlege für einen kurzen Moment, wie ich mich in den letzten zwei Jahren verändert habe.

Es war im Oktober 1993, als wir von Berlin nach Los Angeles gezogen sind, mit dem Plan, dort eine Weile zu leben. Vielleicht ein Jahr. Oder zwei. Unsere Wohnung in der Yorckstraße hatten wir noch nicht ganz aufgegeben. Wir hatten Kisten mit wenigen persönlichen Dingen auf einem Bauernhof in Schnottwil, bei Ninas Vater, deponiert. Darunter Ninas exzellente T-Shirt-Sammlung, persönliche Entwürfe der Modedesignerin Claudia Skoda, ein komisches Gedicht, das mir Nick Cave im Frontkino persönlich auf ein Taschentuch geschrieben hatte, meine Kunstsammlung der achtziger Jahre: zwei Gemälde von Rainer Fetting, ein sehr früher Kippenberger, ein riesiger Bernd Koberling, Drucke von Salome, ein Albert Oehlen, ein Ter Hell, zwei Objekte von Kiki Smith, eine Arbeit von Cindy Sherman und eine von Jenny Holzer, Fotos von Nan Goldin. Und meine journalistische Sammlung: Knochen aus Spanien, Skelettteile aus Mexiko, der mutmaßliche Schädel des Soldaten aus Sri Lanka, die Videosammlung, Autogrammkarten mit Unterschriften des kubanischen Terroristen Orlando Bosch, von Margot Honecker, Bernd

Schuster, Katrin Krabbe und ihrem Doping-Coach Springstein, ein indianisches Amulett, das mir ein Anführer der Untergrundorganisation Leuchtender Pfad geschenkt hatte, Belegexemplare von Tempo, Sports, SZ-Magazin, Merian, Stern, Das Magazin, Libération, Face, italienische Vogue, deutsche Vogue, Weltwoche und so weiter.

Unsere Berner und Berliner Freunde verstanden nicht so recht, warum wir Europa verließen. Ausgerechnet Los Angeles! Diese schlimmste aller amerikanischen Städte, von wo aus das giftigste Kulturgut der Welt unsere sauberen deutschen und schweizerischen Fernseh- und Kinoprogramme verseucht. So klang das, blödsinnig, und je mehr sich die Leute heuchlerisch über Hollywood und unseren Entschluss aufregten, desto mehr war ich überzeugt: genau richtig. Genau richtig, um meine Krise zu überwinden.

Vielleicht hatte ich ja einfach schon zu lange in einen leeren Spiegel geschaut. Jedenfalls war mein Glaube, dass Journalismus als eine Kunst betrieben werden kann, nachhaltig erschüttert. Als Journalist wollte ich den fröhlichen Berserker verkörpern. Das war alles. Aber jetzt erschienen mir die Grenzen deutlich. Bald würde nichts mehr einen Wert und eine Bedeutung haben. Vielleicht war das meine Krise.

Der Weggang aus Europa und der Einstieg in die Welt von Hollywood war also auch ein Akt der Verzweiflung. Doch der Verlust des Glaubens an den Lebenssinn könnte auch der Auslöser für einen schönen unanständigen Spaß sein. Und man lacht ja. Und lacht. Und hört sich sogar selbst lachen. Vielleicht würde es gut tun, mein Lachen mit dem fiesen Grinsen der Hollywood-Leute zu vermischen. Und vielleicht könnte mich dieses Lachen sogar aus der psychischen Not retten, mich vor dem Sturz ins Nichts bewahren.

Zunächst lebten wir in unserem amerikanischen Exil bei Freunden in Long Beach. Genauer gesagt bei Leuten, die uns von Freunden vermittelt wurden. Ein Amerikaner in Bern war mit ihnen befreundet, mehr wussten wir nicht. Der Amerikaner hieß Robert Butler und war früher mal Bassist einer Band namens Miracle Workers aus Portland, Oregon, gewesen, die Mitte der achtziger Jahre zu den ersten Stoner Rock Bands gehört hatte – Vorreiter von Größen wie Kyuss, Masters of Reality, Monster Magnet oder Queens of the Stone Age.

Als ich meinen Armeerucksack im Wohnzimmer der kleinen Drei-Zimmer-Schuhschachtel abstellte, fühlte es sich ein bisschen so an, wie es sich angefühlt haben musste, als die Hell's Angels 1963 in Oakland erstmals auf Hippie-Freaks stießen. Vor mir standen also zwei verdammte Kopien von Allen Ginsberg mit Fingerzimbeln in der Hand, tanzten im Kreis, die Bärte bis auf den Bauch, und statt Hindugesänge ins Mikrofon zu jaulen, brabbelten sie gnadenlos das Hähuh-Hähuh der Stone Rocker, das über ganz Kalifornien hinweg dröhnte. Dazu bängten sie ihre Köpfe, und das Haar wirbelte wie die fransigen Putzfäden eines Scheuerlappens durch die Luft. Ungefähr so ein Haus war das.

Nina beruhigte mich: Alles wird gut.

Doch saßen dort in unserer 3-Zimmer-Schuhschachtel täglich zwei langhaarige Slacker regungslos auf dem Sofa und dröhnten glücklich vor Gras und hatten auch nicht genau kapiert, wieso wir hier jetzt in ihrem Haus eingezogen waren und unsere *Dinge* anpacken wollten. Dieser Umstand ließ unseren Aufenthalt an der Westküste Amerikas wie ein großes geheimnisvolles, fremdes Leben erscheinen.

Besser als gar kein Leben, sagte Nina, und von unserem winzigen Kleingärtchen aus starrten wir den prächtigen Mond über Long Beach an, als sei er all das Unerklärliche und zu Erwartende, als stehe er für all die Dinge, die wir freudig in Deutschland zurückgelassen hatten und die wir jetzt bedrohlich schnell erneut auf uns zukommen sahen. Bald hatten wird das Gefühl, in diesem Schuhschachtelhaus nie zum Schlafen zu kommen, und dass sich Körper und Schädel allmählich von innen her in eine ausgedörrte Hülse verwandelten und der säuerliche Rauch einer riesigen, nie ausgewaschenen Wasserpfeife in die Hirnschale stieg.

Es war natürlich auch eine schöne Zeit. Die jungen Stoner-Freaks trafen uns mit ihrem dreckigen, überirdischen Treiben voll auf dem falschen Fuß. Aber es tat gut.

In dem Moment, wo diese Jungs sahen, dass bei uns ein gewisser Schock einsetzte, waren sie zufrieden. Es lebte hier ein Typ, den sie *Monsterhead* nannten, der absolut am schlimmsten aussehende Freak, den ich je gesehen hatte. Seine Nase war grobknochig und groß, ständig starrte er finster drein, mit all dem schwarzen Haar und dem Bart, völlig verfilzt und zottig. Seine Nase war ihm aus dem Kopf gewachsen wie ein Schnabel, sein Adamsapfel hing an ihm wie ein 99-Cent-Store-Sack, wahrhaftig ein Monster. Er spielte den ganzen Tag irgendwelche unterirdischen Videogames, er las in Büchern über die alten Wikinger oder Tagebücher des Panzergenerals Guderian, die dieser irgendwo vor Stalingrad geschrieben hatte. Nina erzählte dem Monsterhead, dass ihr Vater, ein deutscher Offizier, in Stalingrad in russische Gefangenschaft geraten sei. Und dass Ninas Großmutter irgendwann mal in den fünfziger Jahren die Uniform und den Dolch von Hermann Georg Bergtolt aus Russland nach Hause zurückgeschickt worden sei – mit dem Vermerk, dass er irgendwo in einem Steinbruch von Sibirien umgekommen sei. Diese ganze alte deutsche Geschichte. Und dass wir diese Uniform mit Dolch heute in Schnottwil im Keller eines Bauernhofs aufbewahren würden.

Diese Tatsache beeindruckte Monsterhead, und er schenkte uns von da an komischerweise so eine Art Respekt. Eines Tages sah ich ihn mit einem anderen Typen auf dem Sofa sitzen und zeichnen. Es lagen Dutzende von A4-Blättern am Boden herum, darauf waren Comic-Motive zu erkennen, Stanley-Mouse-Zeug, ein bisschen angefreakte Greatful-Dead-Themen, kombiniert mit etwas stark aus dem Jetzt Herausgezogenen, zum Beispiel einem Surfer auf einem Fahrrad irgendwo auf einem riesigen, monströsen Supermarktparkplatz. Und im Hintergrund ging kitschig die Sonne unter. Und der Surfer sagte in einer Sprechblase irgendwas wie *More!* Jedenfalls schenkte mir Monsterhead diese Zeichnung, und sein Freund Ray schenkte mir auch eine, sehr nett. Bald stellte sich heraus, dass Monsterhead wirklich exzellent schnell zeichnen konnte, und dass sein ebenso begabter Freund mit richtigem Namen Raymond Pettibon hieß, der einige Jahre später ziemlich berühmt werden sollte. Jedenfalls fand ich es sehr beruhigend, dass diese Leute zeichnen konnten.

Irgendwann geschah das Unfassbare. Irgendwann rief plötzlich die Süddeutsche Zeitung bei diesen *Miracle Workers* an und verlangte nach Mister Kummer.

Ich kann mich noch gut daran erinnern, denn ich hatte gerade etwas Gelblichweißes von einem Blech geraucht, als sich da aus der Tiefe des großen unbekannten Redaktionsraums des Magazins der Süddeutschen Zeitung eine mir bekannte weibliche Stimme meldete:

Hallo, hier Susanne Schneider, hallo Tom, du, wir sollten jetzt doch mal wissen, ob du die Geschichte über diese Bodyguard-Schule machst.

Hatten wir eine Geschichte verabredet? So ein Mist, nichts wie los.

Es kamen auch Anrufe aus Zürich, aus Wien, sogar aus London und Paris. Die meisten Anrufe kamen aus Zürich, um genau zu sein. Und eines Tages hörte ich eine neue Stimme, sie klang zuerst wie die eines Schweizer Buben, der sich verwählt hatte. Es war mein zukünftiger Chef beim Magazin des Tagesanzeigers, Roger Köppel. Er wollte unbedingt mehr Stoff. Er wollte mehr.

Mit den Nebenwirkungen von Sucht und dem Alltag von Süchtigen kannte ich mich damals gut aus. Ein Alltag mit Süchtigen um einen herum färbte natürlich ab. Wir saßen manchmal tagelang regungslos in dieser dünnwandigen Schuhschachtel, die man in den fünfziger Jahren massenhaft über Südkalifornien gestreut hatte – wie Kindersüßigkeiten –, bis ein Flecken Erde in der Größe der Schweiz von Häusern und Straßen zugepflastert worden war, verbunden mit zehnspurigen Freeways, die man selbst im Sommer nur mit Nebelleuchten befahren konnte, so dicht war der Smog.

Drinnen in unserem Haus stand es um die Luft auch nicht viel besser. Denn meistens saßen wir jetzt neben unseren gespenstischen Freunden im Wohnzimmer, starrten auf den Fernseher wie *Beavis and Butthead* und nebelten uns das Gehirn mit feinstem *Chronic* Gras aus Cypress Hill voll.

Wenn das Telefon klingelte, nahm entweder Monsterhead, Beavis oder Butthead ab. Selbst wenn ich sie gerade gebeten hatte, nicht ranzugehen – weil es sicher ein Anruf aus Deutschland sei. Und sie schwafelten dann einfach so drauflos, versuchten es mit *Sieg Heil, mein Fräulein* oder *Achtung! Achtung, Baby!*, auch wenn gerade das Spiegel-Büro in Hamburg anrief, eine Sekretärin von Kulturredakteur Claudius Seidl.

Hallo, Herr Kummer, sind Sie das?

Ich sollte eine Geschichte zum Tod von River Phoenix schreiben. Etwas später eine Geschichte über jenen Mann namens Bobitt, dem die Freundin den Penis abgeschnitten hatte. Was für eine ausgefreakte Story! Was ich dann auch zur allgemeinen Zufriedenheit erledigte. Sogar unter extremsten Bedingungen konnte ich den soliden Journalisten markieren. Ich hatte Mainstream-Erfolg. Und was machte man, wenn man Erfolg hatte? Was passierte? Es gab einem Kraft.

Ich konnte also unter Druck solide journalistische Arbeit für den Spiegel liefern. Fast makellos. Ich schrieb einige Essays fürs Feuilleton der Weltwoche in Zürich. Themen wie Nirvana, Snoop Doggy Dogg, Beavis and Butthead, Neue Kunst aus Los Angeles. Passte alles ganz gut zu meiner Situation in der Schuhschachtel.

Für Spiegel Special recherchierte ich sogar im berüchtigten San Quentin Gefängnis – wo ich in Begleitung eines deutschen Fotografen, den sie Axel nannten, bis in den Fitnessraum der Lebenslänglichen vordrang. Es wurde eine Story zu einem Kalifornien-Special, ich schrieb über Gefängnis-Gangs und erhielt später ein persönliches Lob aus der Chefredaktion.

Für den chronologischen Ablauf jener ersten Zeit möchte ich meine Hand nicht ins Feuer legen. Wie auch immer – Feuer brannte in meinen Fingern. Das war klar. Das würde ich auf der Tastatur meiner alten Adler-Schreibmaschine beweisen, auf der ich damals meine Texte schrieb.

Minutenlang habe ich den Viruspickel auf meiner Stirn angestarrt und über meine Hände flammend heißes Wasser laufen lassen. Ich bin völlig schmerzunempfindlich. Phantastisch. Ich bin zu allem bereit.

Als ich den gefakten Marmorboden in der Toilette verlasse und über den weichen gefakten Perserteppich des Four Seasons spaziere, um mein erstes Hollywood-Interview in Angriff zu nehmen, bleibt bloß eine Frage offen: Würde man mich an Pamela Anderson heranlassen? Würde ich es überhaupt bis in die Hotelsuite im siebten Stock schaffen?

Ich betrete jetzt einen von vier Liften, die im Four Seasons Journalisten und ganz gewöhnliche Leute in die oberen Etagen bringen. Der Lift ist voll gepackt mit Leuten, die aus der Tiefgarage kommen. Ich kenne diesen Typ Mensch. Es ist jene unruhige Aura zu spüren, die Journalisten anhaftet, wenn sie Blut gerochen haben – die Story. Einige reden jetzt laut und deutlich auf Deutsch, zwei Menschen unterhalten sich auf Französisch. Die anderen schweigen. Erscheinen sie mir wie Feinde? Wohl kaum.

Mein Körper kommuniziert jetzt mit dem Aufzug und den anderen Körpern. Wir tauschen alles miteinander aus, Temperatur, Luftzug, Gerüche. Nehmen die anderen den Pickel auf meiner Stirn wahr?

Ich will unerkannt bleiben. Meinen Namen und meine Herkunft möchte ich nicht gleich preisgeben. Wer genau sind die anderen? Womöglich bewundern sie Pamela Anderson und betrachten Hollywood durch eine rosarote Brille. Oder tue ich ihnen unrecht?

Wir steigen aus, und gleich werde ich wieder von diesem weichen Teppich empfangen, der mich schweben lässt. Bevor wir uns in einer *Holding Suite* versammeln sollen, müssen wir uns vor einem Listengirl ausweisen, eine Art Gesichtskontrolle.

Tom Kummer, Germany, Süddeutsche Zeitung Magazin. Mehr muss ich nicht sagen.

Ein Listenhai verteilt Pressematerial: Hier finden Sie alles, was Sie wissen müssen und im Interview nicht mehr fragen brauchen. *Thanks and Welcome!*

Als würden uns hier gleich Erlebnisferien blühen.

Ein Junket ist ein sehr spezielles Erlebnis. Alles, was in der Suite abgewickelt wird, ist sorgsam kalkuliert: das Gruppeninterview für die Leute der europäischen Blätter und Presseagenturen sowie das *Extended Thirty Minute One-on-One* für die Edelfedern von New York Times oder Vanity Fair – oder auch mal für den Spiegel oder Stern, wenn sie sich intensiv darum bemühen –, also für jene Leute die gerne damit angeben, auf dem Schoß der Berühmtheit gesessen zu haben.

Hollywood-Journalisten sind längst vergleichbar mit einer Rinderherde, während sich die Stars und deren Berater mit kalkulierter Verschlossenheit hinter einer Wand aus Images verstecken. *Der Mensch* hinter dem Star ist nicht zu haben, zumindest nicht für die Allgemeinheit. »It's all about entertainment, and you know it«, schrieb ich Ulf Poschardt 1999, als unser Verhältnis schon nicht mehr zu retten war.

Ten more minutes, ruft jetzt ein Listengirl. Als ob hier tatsächlich gleich eine Rakete zum Mond gestartet wird.

Die Holding Suite ist ein Raum mit einem Tisch, auf dem Säfte, Sandwiches und Cookies stehen. Und mit noch mehr Pressematerial. Man setzt sich auf bequeme Sofas. Geht noch einmal die Fragen durch. Überlegt, wer von den Journalisten so interessant erscheint, dass man ihn oder sie persönlich kennenlernen will. Wer hier schon öfter dabei gewesen ist, unterhält sich demonstrativ lässig mit anderen Kollegen oder plaudert mit einem der Listengirls oder drängt bei einem Listengirl auf mehr Redezeit.

Ich sitze in einer Ecke, ich kenne hier niemanden. Ich bin schweigsam, nachdenklich, denke ein bisschen wirr an Dinge wie: Werde ich beim Erwachen nach dem Interview feststellen, dass all das ein Traum ist? Gibt es einen Gott, der mir jetzt helfen kann? Bin ich der Teufel? Wie ist es, wenn man tot ist? Wie schmeckt Klowasser in einem Viersterne-Hotel?

Five more Minutes, Ladies and Gentlemen!, ruft ein Listenhai in die Holding Suite.

Ich versuche, mich jetzt in den Griff zu bekommen, den professionellen Teil meines Hirns zu aktivieren. Viel weiß ich noch nicht über Pamela. Als Medienthema ist sie anscheinend schwer angesagt. Nicht nur das SZ-Magazin, auch Spiegel, Stern, Frauen- und Modezeitschriften und ein Feuilleton-Journalist stehen auf der Liste. Soviel haben meine Augen erhascht. Es gibt also Konkurrenz.

Vorrecherchen haben ergeben, dass man Pamela zu einer Parodie auf sämtliche Hollywood-Sternchen machen könnte. (Es wäre einfach, sie zur Sexpuppe für einsame Handlungsreisende oder Verlagsobere zu stilisieren. Aber ich weiß, dafür sind Stern, Bunte, Focus und Co. zuständig).

Ich denke daran, Pamela einfach ernst zu nehmen. Egal, was sie sagt. Jedes Wort werde ich als Meilenstein betrachten, als eine revolutionäre Aussage über die große Welt registrieren. Meine Welt. Das würde knallen. So mögen sie es doch in München.

Schließlich sitzen beim Magazin der Süddeutschen Zeitung Spitzenkräfte wie Christian Kämmerling, einer meiner beiden Chefredakteure, Leute, die aus ihren Redaktionsstuben heraus den Finger an den Puls der Zeit halten und dabei glauben, das Welttheater der Zeichen und kulturellen Verschiebungen längst durchschaut zu haben. Ihnen muss man was ganz Spezielles bieten. Schließlich sollen wir Schreiber und Autoren mit neuen Prognosen und Deutungen glänzen. Und ich gelte für die vielleicht als so was wie eine Spitzenkraft der Deutung, dort draußen, in dieser großen komplizierten Welt. Ich bin überzeugt, für Leute wie Kämmerling gibt es nichts Größeres, als der deutschsprachigen Konkurrenz in konzeptjournalistischen Belangen immer eine Nasenlänge voraus zu sein. Es gibt nichts Schöneres für sie, als den Sieg nach Hause zu fahren - indem man eine Geschichte präsentiert, die die Konkurrenz nicht hat. Der Leser ist denen vielleicht gar nicht so wichtig. Und ich stecke bereits mitten in dieser verdammten Medienschlacht drin.

Doch zuerst muss ich in dieses Junket überhaupt reinkommen. Was dauert hier so lange? Warum lässt man uns wie Tiere im Gehege warten? Schließlich steht mein Name auf einer Liste. Und daneben steht Süddeutsche Zeitung. Meine Güte, reicht das nicht aus, um ein bisschen Respekt zu bekommen?

Nein, es reicht nicht.

Niemand in Los Angeles interessiert sich für die Süddeutsche Zeitung. Deutsche Journalisten kommen in Hollywood ganz am Ende der Nahrungskette, und wenn das Wort *Süddeutsche Zeitung* überhaupt erst einmal ausgesprochen ist, hat man die Geduld der Leute bereits überstrapaziert. Niemand kennt das SZ-Magazin. Niemand interessiert sich hier für gefälschte Texte, solange man John Travolta kein Aids anhängt oder eine Affäre mit einem Affen.

In der Holding Suite riecht es jetzt nach Erbrochenem. Das muss mit der Lüftung zu tun haben, die irgendwie mit der Hotelküche verbunden ist. Wo aber ist Pamela?

Ich sitze immer noch wie festgenagelt auf meinem Stuhl, und der Teppich, auf dem der Stuhl steht, ist so was von weich, dass es sich jetzt wirklich anfühlt, als ob der Stuhl schwebt. So wie alles hier.

Das Thema ist bedeutend! Wir sind wichtig! Unsere Stimme wird gehört! So tönt es in meinem Inneren, wie ein geheimnisvolles Echo in einem Schweizer Bergtal oberhalb von Lauterbrunnen.

Just a couple more minutes, ruft jetzt das Listengirl.

Pamela intim

Plötzlich sind wir drin. Es ist nicht besonders spektakulär. Wir sind einfach drin, in der richtigen Suite. Da stehen ein Tisch, ein Sofa, ein Fernseher, eine Minibar, und ein britisches Fernsehteam dreht gerade.

Dort sitzt sie. Am großen Tisch sitzt Pamela Anderson Lee und diskutiert mit ihrer PR-Betreuerin die Frage: Mineralwasser mit Kohlensäure oder ohne? Soll ich sie gleich in die Arme nehmen und ihr von mir erzählen? Davon, dass ich mich in den vergangenen Jahren in ein Gefäß aus Bildern verwandelt habe, in dem sich wie in einem Archiv meine Erinnerungen angesammelt haben? Dass mein Alltag gelegentlich von einem Bombardement aus Rückblenden gestört wird? Und dass ihr Bild da komischerweise auch vorkommt, obwohl ich noch nie eine Sendung mit ihr angeschaut habe? Ich könnte sie ja fragen, ob das schon eine Vorstufe zur geistigen Umnachtung ist.

Nein, keinen Blödsinn jetzt. Cool bleiben. Ich muss ja nicht ständig eine Panzerfaust auf der Schulter tragen. Warum kann ich nicht einfach cool bleiben und so tun, als würde ich bloß eine Handy-Cam auf der Schulter tragen, ohne böse Gedanken, so wie dieser nette Engländer in den

Badesandalen und dem Ultravox-T-Shirt, der jetzt für die BBC dreht?

Jetzt lächelt der mich sogar an, so nett, so freundlich. Das Fernsehteam der BBC verlässt die Suite. Uns lässt man warten. Bilder sind wichtiger. Schreiber sind sowieso eine traurige Truppe ohne Zukunft. Verstanden.

Pamela, die sich jetzt für die nächste Gruppe europäischer Print-Journalisten von einem Make-up-Girl ein bisschen die Augen auffrischen lässt, sieht umso bezaubernder aus. Vielleicht weil ihr Körper schon ein bisschen geplündert, vielleicht weil ihr Gesicht schon von der BBC-Kamera abgetastet worden ist. Ein schöner Anblick. Pamela wirkt jetzt ein bisschen erschöpft, angeschlagen, verbraucht, man könnte auch REAL sagen. *Heroin-Chic* nennen Modejournalisten das.

Pamelas Pose hat aber nichts mit Heroin zu tun. Ihre mediale Person ist aus ganz anderem Stoff, inszeniertes Vulgärkino. Auch darüber würde ich gerne mit Pamela reden. Dabei hoffe ich, dass hier am Tisch auch einige Kollegen sitzen, die über diese Dinge reden möchten. Vielleicht liegt sogar eine nette Redeschlacht in der Luft. Einfach offen sagen, was man denkt, und zwar direkt raus, ins Gesicht von Pamela. Auch um so eine tote Veranstaltung zum Leben zu erwecken, das scheint mir logisch. Vielleicht wäre das sogar unsere Pflicht als Entertainment-Journalisten.

Vielleicht würde es aber auch genügen, über die legendäre Publizistin Pat Kinsley zu reden und Pamela zu fragen, ob es sich für sie eigentlich gelohnt habe, monatlich 35 000 Dollar an die PR-Firma PMK zu zahlen. Solche Dinge.

Wir setzen uns hin. Wir stellen unsere Tonbandgeräte in der Mitte des Tisches auf, ein Franzose bläst ins Mikro, *un*, *deux*, *trois*, mit einem Doppelpack Batterien in Reichweite. Auf einem der Tonbänder steht *RTL*, auf einem anderen *Le Figaro*, ein anderes zeigt ein bisschen Witz: *Radio Happiness*.

Auf meinem Tonbandgerät steht gar nichts.

Alle Augen auf Pamela gerichtet. Oh, sie sieht auf diesem schmalen Grat zwischen Pathos und Parodie wirklich phantastisch aus!

Mir wird jetzt fast ein bisschen übel, so schön ist diese Erinnerung. Mit Pamela verbindet mich heute sehr viel: Sie war die Einstiegsdroge zum Star-Interview. Mein erster Schritt Richtung goldener Schuss. Noch heute kann ich jene Stimmen hören, die mich für dieses erste Interview feierten. Es war wie ein Traum. Man faxte mir Gratulationen aus München, aus Hamburg, Moritz ließ mir von Thomas Hüetlin ausrichten, dass er das Anderson-Interview für das beste Interview seit langem halte. Unsichere Autoren wie ich – und wie viele andere – waren abhängig vom Echo der Heimatredaktionen. Das war überlebenswichtig. Wie hätte man sonst seine Arbeit bewerten sollen, wenn nicht mithilfe der Reaktionen der engsten Vertrauten zu Hause? Damals dachte ich: Wenn ihnen meine Interviews gefallen würden, dann wäre alles andere egal: die Demütigungen, die Leere, die Gleichgültigkeit, die Dummheit und was man sonst noch alles im Kosmos des Hollywood Foreign Pressekorps ausgesetzt war. Die Jungs in München waren für mich der Maßstab. Und sie wussten genau, wie sie mich bei Laune halten mussten: mit Lobeshymnen.

So schrieb Ulf in seinem Vorwort zu meinem Interviewbuch: »Kummer hat sich entschieden, im Rahmen des klassischen Journalismus seine Autorenschaft einzubringen und ihr Spaß und Intelligenz zu injizieren. Ohne Rücksicht auf Verluste – und, wie dieses Buch beweist, mit Erfolg.«

Sie sitzt jetzt vor mir. Alles ist da, eng umhüllt, mit vollen Lippen, strahlenden Augen, sexy, nicht peinlich, eher erfrischend. Pamela markiert jetzt die fröhliche Hollywood-Schlampe, als die sie geliebt wird, die das schöne tragische Leben des sexy Stardaseins wunderbar und gnadenlos selbstbewusst in die Welt hinaus ruft und dabei keine Schwäche zeigt. Hier blüht sie direkt vor mir auf. Wirklich bezaubernd ist sie, ihr Lächeln, ihre Figur, die legendären Brüste. Pamela sieht richtig verlockend aus in ihrem Tom Ford/Gucci-Kleid, das sie speziell für die *Barb-Wire*-Pressetour angezogen hat.

Pamela wirkt erstaunlich entspannt. Das macht mich fast glücklich, und ich würde ihr gerne hier an dem Tisch davon erzählen, an dem jetzt acht Journalisten Platz genommen haben.

Die Augen der anwesenden Journalisten leuchten jetzt

ein bisschen. Man zeigt sein bestes Gesicht, lächelt, schließlich soll das ja keine Gerichtsverhandlung werden. Pamela lächelt fahrig zurück und nickt, obwohl niemand irgendwas gesagt hat, das ein Nicken erfordern würde.

Ein Listengirl drückt eine Stoppuhr: *Twenty minutes, ladies and gentlemen.* Die Fragerunde beginnt links von Pamelas Stuhl. Ein hypererregter holländischer Nachrichtenagentur-Journalist sitzt dort und stellt die wichtigste Frage, die Holland seit dem Bau der Deiche bewegt:

»Ich habe gehört, Sie kommen demnächst nach Holland, Miss Anderson. Stimmt das?«

Genau so muss ein Interview beginnen!

Pamela erzählt irgendwas von einem Terminkalender, den sie noch nicht genau überblickt. Aber irgendwann werde sie nach Holland kommen. Amsterdam sei ihre Lieblingsstadt.

Great. Und damit sind schon mal zwei Minuten Redezeit weg.

Wieso fragen wir nicht alle: Wann kommen Sie nach Deutschland, Miss Anderson? Wann kommen Sie in die Schweiz? Nach Österreich? Nach Frankreich? Wann kommen Sie, würde ich vielleicht fragen. Wie kommen Sie? Wie fühlt es sich an, wenn Sie kommen, Miss Anderson? Aber Holland? Diese Frage gehört nicht hierher. Niemals. Soviel weiß ich bereits über die Kunst des Interviews, auch wenn ich noch ein Novize bin.

Nächste Frage, bitte, zweiter von rechts, ein Engländer.

»Ihr Kleid ist so was von toll. Wo haben Sie das her? Wer hat es entworfen? Können Sie uns mehr dazu sagen?«

»Gut, dass Sie mich das fragen«, antwortet Pamela höflich. »Tom Ford persönlich hat es für mich angefertigt.« (Genau. Das steht übrigens auch im Presseinfo).

»Und wo können Normalsterbliche so ein Kleid kaufen?«, hakt der braun gebrannte Mann aus England professionell nach.

»Man kann es nicht kaufen, es wurde extra für mich persönlich angefertigt. *Wenn* man es kaufen könnte, dann sicher gleich hier um die Ecke, im Beverly Center. Da gehe ich mit Tommy öfter einkaufen.«

»Ach, im Beverly Center, das ist ja gleich hier um die Ecke«, sagt dann einer der Deutschen, der auch gleich dazu sagt, dass er Deutscher ist, dritter von rechts. »Dort kaufe ich auch ein, wenn ich in Los Angeles bin.«

Und Pamela, die Süße, will ein bisschen nett sein und vielleicht ein bisschen Zeit verstreichen lassen, wie ein argentinischer Verteidiger in der 87. Minute beim Einwurf, Spielstand 1:0, und fragt dann nett zurück:

»Woher kommen Sie denn aus Deutschland?«

So eine Gegenfrage eines Superstars schlägt natürlich im Journalistenherz ein wie ein Blitz. Als ob man plötzlich mit einem glamourösen Stab geadelt worden wäre.

»Geboren bin ich in Bad Hersfeld, und das ist ganz in der Nähe von …«

Vielleicht sollte ich jetzt mal müde rüber zu meinem müden Kollegen von Le Monde schauen, und wir verdrehen vielleicht ein bisschen unsere Augen. Aber genau das tun wir nicht. Haltung bewahren. Keine Schwächen zeigen. Einfach durch.

Wie wäre es, wenn ich jetzt etwas wirklich Unseriöses tun würde, um die Stimmung aufzulockern? Zum Beispiel nach Pamelas Hand greifen und einen ihrer Finger in den Mund nehmen? Das wäre doch was. Und wenn dieser Typ da, ein Deutscher, wenn der nicht aufhört, seine David-Hasselhoff Fanclub-Fragen zu stellen …

Ich schaue mich gelangweilt um.

Die Besucher von Junkets lassen sich in zwei Gruppen einteilen. Da gibt es jene Gruppe braun gebrannter *gesunder Journalisten*, die sich eher locker kalifornisch kleiden, eine Art Trainingshose, Hawaiihemd, Sonnenbrille, Joggingschuhe. Leute, von denen man sich nicht richtig vorstellen kann, dass sie viele Stunden vor der Schreibmaschine oder dem Computer verbringen und mit dem Sound und der Struktur ihres Textes kämpfen. Die *desillusionierten Journalisten* dagegen sind meist bleiche, leicht verunsicherte Gestalten, die sich stumm hinter ihren Fragen verstecken und nur kurz aufblühen, wenn sie eine Antwort bekommen. Sie tragen bevorzugt graue oder dunkle Kleider im europäischen Stil.

Die braun Gebrannten, die Lauten, die Weltoffenen, die Snobs, die Aufdringlichen dieser Szene sind jene Journalisten, die die Leute in den Heimatredaktionen glauben machen, dass Hollywood-Journalisten hier ständig mit heißen Babes am Pool sitzen und kühle Martinis trinken würden. Darauf wurde ich ständig bei Anrufen aus Europa aufmerksam gemacht. Roger Köppel war so einer, der mich immer wieder mal fragte, ob ich gerade am Pool sitzen würde. Oder der Chefredakteur vom Stern – der witzelte gern und fragte, ob ich meine Texte *im* Pool schreiben würde. Solche seltsamen Projektionen meiner Chefs hatten mich immer ein bisschen verunsichert. Und geärgert. In welcher Realität lebten *die* eigentlich?

Den braun gebrannten Globetrotters sieht man gleich an, wenn sie bloß zum Spaß erschienen sind. Oder jene Hollywood-Presse-Veteranen, die schon unzählige solcher Demütigungsrituale durchgemacht haben. Sie genießen das scheinbar unbeschwerte Leben rund um die Sandwich-Tischchen in den Hotelsuiten. Sie sind laut und entspannt und reden pausenlos mit anderen Gedemütigten. Vor allem aber Journalisten, die Kurztexte verfassen – Leute der Boulevardzeitungen oder Presseagenturen – nehmen jede Gelegenheit wahr, Junkets zu besuchen. Sie sind regelrechte Junket-Junkies. Und sind vielleicht mit den Listenhaien und Publicitygirls auf irgendeine undurchschaubare Weise befreundet. Die Listenhaie der Publizisten und Film-Companies wiederum sind Leute, wie man sie von allen großen Events der Welt kennt. Sie laufen mit auf die Brust gedrückten Clipboards voller Listen auf und ab, egal ob bei Modeschauen oder Filmvorführungen oder bei der Weltpremiere einer neuen Waschmaschine von Siemens. Meistens tragen sie zwei oder sogar drei Handys mit sich. Enttäuschen darf man sie nie, ähnlich wie Türsteher vor einem angesagten Club, denn sonst verschwindet man von der Liste oder gelangt auf eine schwarze Liste. Und das ist so, als ob man von der Welt geschluckt wird. Also nicht mehr existiert.

Als Neuling im Four Seasons habe ich erwartet, eine Gruppe von hart gesottenen Zynikern vorzufinden, die sich lieber vor Selbsthass umbringen würden, als zu Schoßhündchen der PR-Maschinerie zu mutieren.

Gleich bin ich selbst dran mit meinen Fragen. Auf dem Notizblock stehen Fragen zu Schönheitsidealen, zum Unterschied zwischen sexy Look und Schönheit, zum Unterschied zwischen Bo Derek, Farrah Fawcett, Heather Locklear und Pamela. Ziemlich vernünftige Fragen für einen Neuling auf diesem Gebiet. Es stehen dort auch Feuilletonfragen. Fragen zur Zukunft des künstlichen Menschen. Zum Beispiel: Pamela, fühlst du dich manchmal als künstlicher Mensch? Fragen, die ich vielleicht auch mir selbst stellen würde. Wo fängt für dich der Körper an? Bei der Seele, beim Gesicht, bei Haut und Haaren, oder doch bei der DNS? Fragen zur BH-Größe 86 C, Fragen zur Schönheitspflege, Fragen zu Madonna und zur These, dass die Hypersexualisierung des Alltags die Lust tötet. Fragen zur US-Prollkultur, zu Anne Nicole Smith, zu Cybersex und William Gibsons *Neuromancer*. Fragen zu Schönheitsoperationen und zur Frage aller Fragen: Macht guter Sex richtig schön?

Ich bin froh, dass mein Kollege von Le Monde sich keinen Revolver an den Kopf setzt, sondern einige ähnliche Fragen und Ideen in diese Runde wirft, an die man gut anknüpfen kann.

Als ich meine drei Fragen gestellt habe, erhalte ich auch wirklich einige nette Antworten von Pamela. »Ich esse jeden Tag vier rote, drei grüne und zwei schwarze Pillen. Mehr verrate ich dir aber nicht.« Oder: »Ich hatte in meinem ganzen Leben achtzehn intime Beziehungen. Mehr sag ich dazu nicht.« Als dann die Listenbulldogge in die Suite einmarschiert und die Uhr konsultiert, weiß ich, dass ich vielleicht noch eine wichtige Frage nachschicken muss, eine heikle, vielleicht sogar eine hochbrisante Frage. Was wird von einem Interviewer anderes erwartet, als Brisanz zu erzeugen? Ich muss also Pamela noch fragen, ob sie es sich vorstellen könne, ihren Mann eines Tages beim Cybersex zu erwischen. Die eine Hand auf der Tastatur, die andere zwischen den Beinen.

Pamela schaut Hilfe suchend zum Listenhai, aber der kann ihr jetzt auch nicht helfen. Außer nochmals zu betonen: *Two minutes, Ladies and Gentlemen.*

»Soll das ein Witz sein?«, sagt Pamela. »Das finde ich nun überhaupt nicht komisch. Schönheit, Erotik, Sex, das lässt sich nicht von einem Computer nachmachen. Niemals.«

Es gibt hier in Los Angeles aber Leute, die darüber ganz anders denken, sage ich ein bisschen erregt, wie Journalisten sich eben erregen, wenn sie ihr Gegenüber in eine Falle locken wollen.

Pamela grinst ein bisschen verlegen, aber nur ein bisschen: »Meinst du etwa, ein Lastwagenfahrer würde sich ein Cybergirl in die Kabine hängen? Niemals.«

Das war die Antwort! Hier war die Antwort! Ich bin wirklich ein Genie! Pamela hat gerade die große Antwort auf alle Zukunftsfragen geliefert. Unserer Angst vor dem Internet, die Angst vor dem Ende der Zeitungen, der Verlage, der Bücher, unser Ende, *The End Of All Mankind*, und die Antwort ist so was von einfach: Wer hängt sich schon das Bild eines Cybergirls in die Lastwagenkabine?

Der Deutsche aus Bad Hersfeld auf der anderen Seite des Tisches will sich jetzt einmischen, er scheint plötzlich beseelt von der Idee oder vielleicht sogar von der Pflicht, Pamela Anderson und seinen *Baywatch*-Fanclub in Bad Hersfeld vor meinen bösen Fragen zu beschützen. Er schaut mich mit strafendem Blick an, wie jemanden, der auf der falschen Straßenseite fährt. Von Scheißblicken darf ich mich jetzt nicht aufhalten lassen.

Du musst doch zugeben, Pamela, die Grenzen zwischen Körper und Technologie, Realität und Fiktion sind ziemlich durchlässig geworden, oder? Eine tolle Frage, ich klopfe mir fast selbst auf die Schulter. Und Pamela sagt dann: »Die Frage verstehe ich nicht.« Und damit ist das Gespräch vorbei.

Thanks, Ladies and Gentlemen. Falls Sie noch Bilder brauchen von den Dreharbeiten, bitte bei mir melden. Das Listengirl und der Listenhai stellen sich am Eingang auf. Bei einer kurzen Abschiedszeremonie werden dann den anwesenden Journalisten *Barb-Wire*-Geschenktaschen in die Hand gedrückt.

Meine Mission ist aber noch nicht beendet. Ich habe noch einen kleinen Geheimauftrag zu erledigen.

Ein Freund hat mich gefragt, ob ich ihm ein Autogramm besorgen könne. Natürlich gab er dieser Anfrage einen ironischen Anstrich, und so richtig ernst war sie nicht gemeint. Vielleicht war es bloß ein Test. Und ich frage mich, ob ich nicht auch Ulf ein Pamela-Souvenir mitbringen soll. Denn er scheint den Hollywood-Kosmos zu romantisieren. Vielleicht um ihn später noch massiver feiern – oder ihn umso überzeugender verurteilen zu können. Ich stelle mich also in die kleine Schlange von Journalisten, die alle auf ihre Autogramme warten, wirklich sehr lustig. Tatsächlich bekomme ich ein Souvenir von ihr. Ein Taschentuch mit der echten roten Lippenstiftspur von Pamela Anderson Lees Kussmund, inklusive Autogramm.

Dabei hätte es Wichtigeres zu tun gegeben. Da waren noch so viele Fragen.

Langsam ziehe ich mich aus der weichen Hotellandschaft zurück, vorbei an den Toiletten, wo ich mir die Kraft für das mediale Imaginarium vor der Spiegelfront verpasst habe – um alles zu ertragen, um Pamela zu verführen, meine Rolle zu spielen –, und ich entferne mich langsam von den falschen Perserteppichen, die mich schweben und den

Wahnsinn so leicht schlucken lassen, zurück an meinen Tisch der Träume in Koreatown, wo sie sich plötzlich wieder bemerkbar macht, die Rollenprosa, die ich brauche, um diese Erfahrungen wegzuschlucken.

Am Schreibtisch sind sie wieder da, die monumentalen Fragen. Es ist seltsam. In der Textversion zu Hause, am Tisch der Träume, zerre ich Pamela in eine enge Putzkammer, die es auf den Hoteletagen des Four Seasons nahe der Lifte gibt. Dort stehen wir uns in der Dunkelheit gegenüber. Sie nimmt meine Hand und drückt sie zwischen ihre Beine, damit sie endlich etwas Unerwartetes sagen darf, etwas, das man von so einem Girl sonst nie erwarten würde. Ich verspreche ihr, etwas wirklich Genaues, Starkes und Grausames über ihre Bedeutung für die Gegenwart zu schreiben. Pamela gibt mir einen wirklich süßen Kuss auf die Nase und drückt ihre Brüste noch ein bisschen stärker gegen mich. Ich stelle fest, dass sie echt sind. Total echt. Das wäre die Sensation, das wäre der Superscoop. Und wir lachen beide.

Wir nehmen uns an der Hand. Ganz vertraut. Wir fahren in den Franklin Canyon, an einen schönen kleinen Stausee oberhalb des schiefergrauen Nebels über Beverly Hills. Eine Zeit lang denke ich sogar, vielleicht sollten wir einfach in ein Motel gehen. Pamela und ich. Aber ich verwerfe die Idee wieder. Und als wir uns weit genug von der Zivilisation entfernt haben, um auf andere Gedanken zu kommen, sagt Pamela plötzlich: »Lass uns die Pistole wegwerfen, Tom.« Ich habe sie ganz vergessen. Ich halte den

Wagen in einem Fichtenwald an, nehme die Pistole und sehe nach, ob sie geladen ist. Dann packt Pamela sie am Lauf und wirft sie aus dem Fenster. Die Pistole fällt nicht weit vom Ufer ins Wasser und ist sofort verschwunden. Pamela blickt aus dem Seitenfenster auf den kleinen Stausee.

In diesem Augenblick hoffe ich, dass mein Leben eine andere Richtung nehmen wird. Pamela sieht jetzt zu mir herüber und lächelt. Sie öffnet das Handschuhfach, holt eine Packung Zigaretten heraus und klappt das Fach mit dem Fuß wieder zu.

Würdest du mir was sagen, wenn ich dich danach frage?, sagt Pamela und öffnet die Zigarettenpackung.

Dein Wort ist doch was wert, oder?

Für mich schon, sage ich.

Sie sieht zu mir herüber und lächelt.

Ich weiß nicht, warum ich das wissen will. Ich möchte es jetzt einfach wissen, sagt Pamela. Es kommt mir wichtig vor.

Sie greift nach meiner Hand und drückt sie.

Was danach genau passierte, weiß ich nicht mehr. Ich saß am Tisch der Träume und sah diese Szene vor mir. Später hat mir Pamela dann noch einen wunderschönen Satz mit der Zunge in den Mund gesteckt: *I'm trying to build visions that people can experience with their whole bodies, because virtual worlds cannot replace the need for sensual perceptions.* So einen wirklich wohltuenden Satz. In meinem Interviewtext, den das SZ-Magazin dann druckte, klang dieser Moment vielleicht ein bisschen enttäuschend oder hart. Aber das hatte mit dem Verhörcharakter zu tun, den ich gerne in meinen Stücken simulierte.

Also frage ich dann zum Beispiel etwas langatmig:

»Pamela, die Wirklichkeit verliert sich in der Simulation, und der Körperkult ist die konsequenteste Reaktion darauf. Hast du darin den Sinn des Lebens entdeckt?«

Und so muss Pamela dann – die Welt erwartet das von mir – etwa so antworten:

»Ich kapiere zwar nicht genau, wovon du sprichst, aber eines weiß ich: Ich muss nicht unbedingt nach einem Sinn im Leben suchen, um glücklich zu sein. Sexsymbole zu hassen ist schick geworden, weil ja fast alle Mädchen neidisch sind und weil mich außer Tommy kein Mann bekommen kann.«

Das ist alles?

Nein, das ist nicht alles, was Pamela über das Leben und die Liebe denkt. Sie braucht bloß ein bisschen Hilfe.

»Eines Tages wachst du vielleicht auf«, sagt sie jetzt, »und du findest dich genau in der Situation wieder, in die du nie geraten wolltest, und du weißt einfach nicht mehr, was dir das Wichtigste an der Liebe ist. Und danach ist alles vorbei.«

Aber was ist Liebe genau?

»Ich glaube, Liebe heißt, keinen Ärger machen und keinen Ärger einladen.«

Und Pamela denkt noch ein bisschen mehr nach.

»Es heißt, einen Mann nicht wegen des Gedankens an einen anderen Mann verlassen.«

Das klingt schön.

»Es heißt, nie in die Situation geraten, in die nicht hineinzugeraten du dir geschworen hast. Und es heißt, glaube ich auch, nicht allein zu sein. Niemals. Das niemals

Möwen an der Riviera

Der Horizont im Osten verwandelt sich jetzt für einige Minuten in eine zarte rötliche Fläche, bis die Sonne über den Horizont steigt. Los Angeles wird bald erwachen. Und ich spüre dieses seltsame Gefühl, das einen heimsucht, wenn man aus seinen Erinnerungen zurückkehrt und plötzlich spürt, dass das Leben an einem vorbeizieht, fast ohne dass man es bemerkt.

Ich drehe den Fernseher lauter. KABC-TV berichtet weiter live vom Feuer in Malibu, von idealem Brandwetter und von der Möglichkeit, dass das Feuer Richtung Osten explodieren könnte. Es werden Bilder gezeigt von eingekreisten Löschmannschaften, die in den Hügeln oberhalb des Kanan Dume Drive kämpfen, von Feuerwehrleuten, die Schneisen in den Chapparal mähen. Fünf Meilen vor Downtown Malibu soll der Verkehr zum Erliegen gekommen sein, weil sich Löschfahrzeuge und flüchtende Bentleys, Porsches und Jeep Cherokees gegenseitig behindern. Ungerührt sitzen dagegen evakuierte Prominentenkinder am Strand von Zuma Beach vor ihren Playstations, während Hubschrauber der Fernsehstationen über ihnen kreisen.

In der Morgendämmerung also befindet sich Malibu in einem surrealen Zustand, zwischen Jahrmarktatmosphäre und Katastrophenstimmung. Von Panik erfasste Filmstars mischen sich unter das gemeine Volk. Feuerflüchtlinge und vom Rauch vertriebene Pferde rennen über den PCH Richtung Point Dume, vorbei an dem riesigen Stück brauner Erde, dem Bauland für die neue Villa von Julia Roberts.

Ich muss daran denken, dass die Fernsehbilder vom chaotischen Exodus die Beteiligten merkwürdig gleich machen. Und dass mich alles ziemlich unberührt lässt. Und ich muss aus irgendeinem Grund an Gerd Müller denken, der irgendwann mal am Tiefpunkt seine Karriere gegenüber Ernst Huberty nach der ARD-Sportschau gesagt haben soll: »Alles, was man im Leben sagt oder tut, ist scheißegal.«

Ich laufe ins Schlafzimmer, gleich geht der Wecker. Ich lege mich auf die große breite Familienmatratze. Ich taste mit der Hand über die Matratze. Ich berühre meine Söhne, Henry und Jack. Ich streichle Nina übers Gesicht. Sie liegt zusammengekrümmt auf ihrer Seite des Betts.

Die Bettdecke ist jetzt um Ninas Schultern gewickelt. Decken und Laken sind am Fußende herausgezerrt. Ich drehe mich auf die Seite, mit dem Gesicht zu meinen Söhnen, und ziehe die Beine an, so dass meine Füße unter der Decke sind. Das Morgenrot leuchtet durch die Jalousien. Das dumpfe Grollen des Morgenverkehrs wird lauter. Der Tag beginnt.

Unser Zuhause wird von drei Autobahnen mit insgesamt dreißig Fahrspuren in etwa drei Meilen Entfernung eingekreist. Je stärker sich die kalifornische Sonne golden in der Schlafzimmerwand reflektiert, desto mehr wird die Stille vom Grollen aufgefressen.

Henry darf den Schulbus nicht verpassen.

Seine Schule liegt in Bel Air. Er hat dort durch einen glücklichen Griff in der Auswahllotterie Zutritt erhalten, weil er in unserem Stadtteil als *kaukasian*, wie man hier sagt, als Weißer, eine Minderheit unterhalb der Fünf-Prozent-Marke repräsentiert. Deshalb erhält nun Henry Kummer, wie sonst nur ausgewählte afroamerikanische oder Latino-Kinder aus South-Central oder East-Los Angeles, die Chance, eine so genannte bessere Schule von Los Angeles zu besuchen. Er sitzt dadurch in der gleichen Schule wie zum Beispiel die Söhne von Kiss-Sänger Gene Simmons und von Produzent Brian Gazer. Man sieht sich manchmal bei Lehrerkonferenzen, man grüßt sich nett, Henry war schon mal bei Jody Simmons anlässlich eines Playdates. Das ist alles.

Bel Air ist dieser noble Stadtteil, in dem viele Leute leben, über die ich mal geschrieben habe. Die Fahrt zur Schule dauert zwischen vierzig und sechzig Minuten, kommt ganz darauf an, ob der Verkehr auf dem Santa Monica Freeway stillsteht. Wenn Henry den Bus verpasst, wird es ein chaotischer Tag. Ich muss dann Henry selbst quer durch die Stadtwüste fahren. Ich komme zu spät zur Arbeit.

Nina bewegt sich nie, wenn sie schläft. Sie liegt wie bewusstlos auf der Matratze, bis der Radiowecker angeht und die Musik eines Oldiesenders aus Long Beach spielt. Songs wie *Anyone who had a heart* von Dionne Warwick oder *One Bell less to answer* von The 5th Dimension werden morgens um sechs Uhr abgespielt. Da sitzt kein DJ mehr im Studio. Es sind virtuelle Sender. Aber aufregen sollte ich mich deswegen nicht, würde Nina sagen. Vielleicht hat Nina recht, wenn sie sagt, ich stünde ständig unter Strom.

Jetzt steht sie neben mir im Badezimmer. Wir blicken beide stumm in den Spiegel. Mein Kopf ist oft gesenkt, mein Blick düster. Und weil mir das bewusst ist und ich in solchen Momenten ein wenig Jack Black gleiche – der in *School of Rock* teuflisch in die Kamera blickt und dabei aussieht, als ob er gleich schreien würde: *Get out! Get out now, while you still can! But, before you go, have a great time!* –, lache ich Nina einfach an, nehme sie in die Arme und küsse sie.

Beim Frühstück brennen die Mundwinkel. Mein Körper kommuniziert jetzt mit meinem Bircher Müsli. Während ich Henry und Jack beim Frühstücken zuschaue, und, die amerikanische Kunst des Multi-Tasking vollendend, eine Filmkritik über *Children of Men* lese, Jack Cornflakes in den Mund löffle und mit Nina den Tag bespreche, frage ich mich: Wieso nannte mich ein ehemaliger Kollege im Spiegel einen »dostojevskischen Charakter, der jeden mit sich in den Abgrund zieht, der sich mit ihm einlässt«?

Auf jeden Fall ist in unserem Leben etwas passiert, und es ist nicht irgendwo passiert, sondern genau hier, in diesem Raum. Hier entstand die Intimität zwischen mir und der Berühmtheit. Immer und immer wieder, etwa fünfundzwanzig Mal in drei Jahren, während ich am Tisch der Träume im Haus 840 South Serrano saß, Apartment 606, und ich vielleicht dabei zuschaute, wie eine kleine fette Kakerlake es wagte, aus dem Schlitz zwischen Küchenbrett und Küchenherd hervorzuschauen, so mutig, so todesmutig, und ich dann einfach zum Brett lief, meine Intimität mit Pamela, Bruce, Courtney, Snoop, Johnny, Sharon, Jenny, Sean und all den anderen unterbrach und meine Faust auf die verdammte Kakerlake runter sausen ließ. Weil so genannte *reality checks* zum Leben gehören. Das darf man nie vergessen. Auch Kakerlaken sollten das kapieren.

Für meine Chefs, Kollegen und Freunde in München drang ich am Tisch der Träume ins Four Seasons vor, verschaffte mir zum Beispiel Zutritt zur Suite 703, Einzelgespräch, dort scannte ich die Phantasien von Sharon Stone.

Sie lehnt sich zurück. Vielleicht spreizt sie ihre Beine, beugt sich nach vorn und stützt ihre Hände auf die Knie. Sie zieht das Mikrofon näher heran und antwortet auf meine Frage, was ihr Angst mache:

»Mein Charakter gleicht manchmal einer ganz miesen Gegend in Los Angeles. Und die Vernunft sagt mir dann, ich sollte dort nicht allein hingehen.«

Dann verschwindet Sharon Stone im Schlafzimmer. Leise schließt sich die Spiegeltür hinter ihr.

Oder der abgehobene Einsstieg in das Courtney-Love-Interview, aus dem es für gierige Redakteure kein Entrinnen gab.

»Mrs. Love, wir unterhalten uns seit einer Viertelstunde, aber ich verstehe ihre Antworten nicht. Sagen Sie mir doch einfach, worüber Sie gerne sprechen möchten?«

»Es gibt an der Riviera Möwen, die eisgekühlten Gin Tonic süffeln. Darüber sollten wir reden. Jeder dritte Eiswürfel ist mit dem Gehirngewebe ausgerotteter amerikanischer Dinosaurier gefüllt.«

»Das bewegt Sie?«

»Tut mir leid, ich fühle mich deprimiert, leer, blöd. Alle meine Gedichte brennen. Minotauren fressen die Genitalien des Mondes. Ich habe gerade sehr viel Zeit mit Filmleuten verbracht. Das ist ungesund. Ich muss dringend zurück zu meiner Band.«

Das Leben tat gut, wenn man sich von der Realität befreien und solche Monologe schreiben konnte. Wirklich gut. Wenn man die Rollenprosa nutzte, um seinen eigenen Zustand zu beschreiben – besonders wenn es sich dabei um den Star aus dem neuen Milos-Forman-Film *Larry Flint – Die nackte Wahrheit* handelte.

Heute frage ich mich natürlich manchmal, wer bei der Süddeutschen Zeitung, beim Magazin des Tagesanzeigers, bei der Zeit oder sonst wo meine Interviews zuerst gelesen hat. Vielleicht waren die alle *high* in der Redaktion des Magazins der Süddeutschen Zeitung, so klang es manchmal ja auch sehr hohl und leer, wenn ich dort irgendjemanden am Apparat hatte. Wie am Ende einer ganz langen, langen Röhre.

Wer weiß, vielleicht war es zufällig der Chefredakteur Herr Kilz höchstpersönlich, der mein Fax mit dem Interviewtext PAMELA zuerst in die Hand bekommen hat und einfach nicht mehr aufhören konnte, weiter zu lesen. Total angefixt.

Da fragt dieser Kummer also seine Pamela:

»Stört es dich eigentlich, dass auf Tommys Hintern der Vorname seiner Ex-Frau Heather Locklear eintätowiert ist?«

Und Pamela sagt:

»Gut, dass du mich das fragst, Tom. Es ist mir nämlich völlig egal, aber das glaubt mir ja niemand. Die Zeitungen berichten, ich hätte Tommy gezwungen, die Tätowierung wegzumachen. Stimmt nicht. Ich finde, jeder Mann geht durch unzählige Perioden, in denen er völlig unterschiedliche Sexsymbole bewundert. Und er sollte sich später nicht dafür schämen. Heather ist eine zauberhafte Frau. Ich finde nur, dass sie sich falsch ernährt. Das ist die wahre Tragödie dieser Person.«

Das ist Unterhaltung, Leute.

Aber wer ist diese Pamela Anderson bloß schon wieder, und wer diese Courtney Love, fragt vielleicht der Herr Kilz seine Sekretärin. Und welcher SZ-Mitarbeiter dort draußen in der großen weiten Welt hat das jetzt nur schon wieder geschrieben?

Kummer heißt der, Tom Kummer.

Nach Coverstories im SZ-Magazin oder im Tagesanzeiger oder in der Wochenendbeilage der Neuen Zürcher Zeitung bekam der eigene Name einen völlig neuen Klang. Und mit jeder Story, die ein Roger Köppel oder ein Ulf Poschardt glitzernd kommentierte und abfeierte, glaubte man noch ein bisschen mehr an den neuen Klang dieses neuen Namens: TOM KUMMER. Und hätte man damals einfach entschieden, der Name, der passt so nicht in unsere Zeitung hier in München, basta, der klingt doch schrecklich, dieser Name, dann wäre alles anders verlaufen.

Tom Kummer, schon der Name klingt erfunden.

Flächenbrand

Ich sei nie bei Presseterminen aufgetaucht, behauptete ein Vertreter des Stern.

Ulf fragte, wie es komme, dass Courtney Love in meinem Interview von Lucky Luke spreche, wo es den doch bekanntlich nur in Europa gebe. Dazu fällt mir schon was ein. Was soll dieses blöde Nachhaken. Dann nehmt den Satz einfach raus. Oder, falls euer Heft die Dinge plötzlich so genau nimmt, gib mir einen anderen Job, Ulf. Ich dränge mich wirklich nicht auf, Interviews zu schreiben.

Irgendwann rief er mich sogar an und wies mich darauf hin, dass wir aufpassen müssten. Die Konkurrenz würde mit ziemlich großem Neid auf unsere Arbeit schauen. Dann lass mich doch Portraits schreiben oder schick mich irgendwo an eine Front.

So wie das Magazin des Tagesanzeigers. Roger Köppel hatte offenbar erkannt, dass ich ein großes schreiberisches Talent habe. Also durfte ich auch mal einige Tage und Nächte mit der Baumbesetzerin Julia Hill in den Redwoods von Nordkalifornien verbringen. Ich dokumentierte mit den Mord- und Totschlag-Paparazzis – den Weegees von Mexiko – das Grauen der mexikanischen Hauptstadt-Unterwelt und berichtete über Hollywood-Agenten. Von Roger Köppel gab es kein Genörgel. Der druckte alles begeistert, was ich ihm lieferte: Burt Reynolds, Tommy Hilfiger, Demi Moore, Joaquin Phoenix, Charlize Theron, Pam Grier, Hugh Hefner, Fox Mulder, Rodney King, Bruce Willis.

Am Ende sollten beide Seiten profitieren: Die Stars – wie auch die Autoren – sollten schöne Titelgeschichten bekommen. Bloß dass beim SZ-Magazin dieser *Deal* noch ein bisschen weiter gehen musste. Daran gab es keinen Zweifel. Diesen Druck spürte ich. Es musste etwas Besonderes sein. CRAZY! Soviel war klar. Vielleicht sogar JENSEITS VON CRAZY. Aber klar definiert war es nie. Darüber wurde feierlich geschwiegen, wie damals zu Tempo-Zeiten, als über dieses Tempo *Ding* auch nie direkt geredet wurde. Alles in der Schwebe halten, hieß damals das Programm. Und daran hatte sich auch beim SZ-Magazin nichts geändert. Was dem Mythos nie abträglich ist. Aber natürlich andere Schwierigkeiten provoziert. Zum Beispiel die verdammt wichtige Frage: Wovon reden die in München, wenn sie sagen: Tom, du alter Punk, kannst du uns ein Interview liefern, wo es richtig knallt, please! KNALLT! POPPT! PLEASE!

Vielleicht hätte ich mich mal in München vorstellen sollen, damals, vor meinem ersten Star-Interview, oder wenigstens gleich danach, und meine nette gemütliche schweizerische Art präsentieren sollen, so dass mich auch der Chefredakteur der Zeitung, Herr Kilz, persönlich hätte kennenlernen können. Vielleicht hätte ich dann nach dem siebten Korn und siebten Weißbier und der siebten Weißwurst einfach laut herausgelallt: He Leute, ihr wisst aber, dass dieses Pamela-Anderson-Interview nicht wirklich so stattgefunden hat. Vielleicht hätte ich dann sogar zu weinen begonnen oder wäre vor lachen unter den Tisch gefallen, und vielleicht hätte sogar Herr Kilz zu lachen begonnen, hätte mich, den Schweizer, in die Arme genommen, vielleicht hätten wir uns zum Skifahren in Davos verabredet oder zu einer Partie Tennis oder Golf in Berchtesgaden, was auch immer, wir hätten uns sicher gefunden, aus mir wäre vielleicht durch die neue Nähe, das Vertrauen, die Freude an der Menschlichkeit ein richtig guter Journalist geworden – wer weiß –, dann hätte sich Herr Kilz vier Jahre später auch die Seiten *In eigener Sache* über mich für etwas anderes aufsparen können. Zum Beispiel für eine Geschichte über das Elend von Hollywood-Journalisten und Hollywood-Junkets und das Elend von so genannten Pop-Journalisten oder Edelfedern, die man im Deutschland der neunziger Jahre herangezüchtet hat.

Aber solche Begegnungen gab es nicht. Wenn man Unterlagen glaubt, die später in jener Dokumentation in eigener Sache über mich präsentiert wurden, gab es vielmehr konkret von Seiten der Redaktion schon vor meinem ersten Interview große Einwände gegen ein Engagement.

Ulf dagegen behauptet in jener Dokumentation, dass er damals keine Zweifel gehabt hätte, dass ich die Grenzen zwischen Fiktion und Wahrheit einhalten würde. »Als ich hier beim SZ-Magazin reinkomme, ist Tom ein rehabilitierter Kollege.«

Ulf gab bekannt, dass er mich schon länger kennen würde: »Wir waren freundschaftlich verbunden. Ich habe ihn als sympathischen, intelligenten und gebildeten Kollegen erlebt, ich fand viele seiner Ansichten bemerkenswert.«

Vielleicht hatte ich schon frühzeitig eine Aura geschaffen, die Ulf in dem Glauben bestärkte, dass ich tolle Kontakte besitzen würde und entsprechende Termine vermittelt bekäme. Was wusste er über meine Termine? Er wusste, dass ich Pamela Anderson in einer Hotelsuite getroffen hatte, John Trochman, den Chef der Montana Miliz in seinem Heimatort, Jack Lalanne, den amerikanischen Fitness-Daddy nahe Moro Bay, Bob Richardson, den legendären Mode-Fotograf in New York City, Superstars wie Tom Hanks im Shutters Hotel in Santa Monica und Nicolas Cage am Telefon. Dafür gab es auch eindeutige Beweise. Alles andere blieb in einer Grauzone. Während ich für einige meiner Interviews Junkets besuchte, machte ich mir bei anderen nicht mehr die Mühe.

Hätte eine physische Nähe zur Zeitung, zu München, zu den Menschen von München, denen ich Interviews lieferte, die nicht den tatsächlichen Gesprächen entsprachen, irgendetwas geändert? Vielleicht hätten die Leute gemerkt, dass ich eher ein introvertierter, scheuer Mensch bin. Und ich hätte ihnen erklären können, dass gewisse

Dinge in meiner Karriere falsch gelaufen – aber jederzeit korrigierbar seien.

Okay, ich will niemandem etwas vormachen. In München interessierte sich niemand für mich. Und ich interessierte mich natürlich auch nicht für Biergärten, Weißwürste oder joviale, heuchlerische Verbrüderungsgesten unter Journalisten. Alles, was uns vereinte, war der Stoff. Der Text. Ein Sound.

Fair enough!

Später, ich glaube, es war Sommer 1999, gab es Momente, in denen ich mir natürlich Sorgen machte.

Werde ich ertappt? Was wird passieren, wenn man mich als Fälscher überführt? Langsam kroch die Angst hoch, manchmal heftig, manchmal lachte ich mich frei. Beides fühlte sich in jenen Monaten so an, als ob ich sofort zurück zu meiner Mutter ziehen müsste, um bei ihr mal ganz kurz und kräftig in den Schoß zu heulen.

Aber das ging ja nicht. Dafür war ich echt schon zu alt. Selbst das High der letzten Jahre konnte mich jetzt nicht mehr beruhigen. Dabei war das ja alles ungeplant gewesen, und entsprechend war dieses nahende Gefühl des Ertapptwerdens etwas, auf das ich überhaupt nicht vorbereitet war. So empfand ich damals zuerst mal alles, was ich an Zweifeln und kritischen Stimmen hörte und las, wie in einer Vollparanoia, als ginge es jetzt bloß noch abwärts und als gäbe es im Umkreis von tausend Meilen nichts mehr, auf das man sich hätte freuen oder verlassen können.

Andererseits hätte meine Arbeitsweise bekannt sein sollen. 1997 erschien bei dtv mein Buch *Good Morning Los Angeles*. Untertitel: *Die tägliche Jagd nach der Wirklichkeit.*

Das Nachwort hat Claudius Seidl geschrieben, jemand, dem ich vertraut habe, obwohl wir uns seit den Tempo-Themenkonferenzen kaum noch gesehen hatten. Irgendwann tauchte er mit seiner Freundin in Los Angeles auf und bat mich um einen Gefallen. Er würde seine Kreditkarte nicht mehr finden, ob ich ihm aushelfen könne.

Das wollte ich gerne tun. Ich fuhr zu ihm nach Santa Monica, und es war schön, jemanden von früher zu treffen. Immerhin ein echter Mensch, nicht bloß eine Stimme am Telefon. Claudius hat mich mit seinen Texten und Gedanken immer sehr glücklich gemacht und hat mich auf eine Art auch geformt. Mit seinem wunderbaren Nachwort zu *Good Morning Los Angeles* wollte er mir vielleicht helfen, meine Stellung in der Welt zu finden. Als Autor an der Grenze. In einem Grenzland. Für den es hier in der Außenstation Los Angeles schwer werden könnte.

Ich traf mich mit Claudius und seiner Freundin bei Chez Jay am Ocean Boulevard, einer Bar aus den fünfziger Jahren, die mit Seejungfrauen, Fischernetzen und riesigen Gummikrebsen dekoriert war, der Boden voller Sägemehl, damit sich der Schmutz der Nacht besser wegwischen ließ. An den Wänden hingen Bilder von Frank Sinatra und Cary Grant, die von einer Zeit erzählten, als der Laden noch als glamouröser kleiner Hotspot galt. Jetzt trafen sich hier lokale Trinker, verirrte Touristen und die Liebhaber der dunkleren Seiten Hollywoods. Und wenn Jay Fiondella, der Besitzer, selbst hinter der Bar stand, grüßte er jeden Gast so, als ob er ihn schon seit Jahren kennen würde. Auch wenn er ihn noch nie in seinem Leben gesehen hatte. Es sind diese kleinen Lügen und Täuschungen, die das Leben in dieser Stadt so reizvoll und verwirrend machen.

Vielleicht wäre es aufregender gewesen, meinen europäischen Gästen eine zufällige Begegnung mit Stars an einem wirklich glamourösen Ort zu ermöglichen. Dann hätte ich sie ins Ivy führen müssen, einige Straßen weiter nördlich. Dort hätte man vielleicht Demi Moore und Ashton Kutsher beobachten können, wie sie sich süß küssen und gegenseitig ihre Armbänder streicheln.

Klar bin ich auch mal auf glamouröse Partys gegangen. Eine meiner ersten – und letzten – Hollywood-Partys, die ich besuchte, fand im Haus von Heidi Fleiss statt. Es war irgendwann 1995, in der Abenddämmerung, und Heidi hatte längst aufgehört, sich um ihre Gäste zu kümmern. Sie war von einem Yoga-Trainer in eine Art Trance geturnt worden, und wenn man ihre volle Aufmerksamkeit gewollt hätte, hätte man ihr mit dem Finger schnell und hart auf das dritte Auge vorne auf der Stirn tippen müssen. Aber das wagte niemand. Heidi saß einfach ganz stumm im Garten ihrer Zwei-Millionen Dollar-Villa, beobachtete ein gelbgrünes Segelflugzeug aus Balsaholz und ein Nebelbild von Ed Ruscha, das ihr der Produzent Bob Evans geschenkt hatte. Ihr Rücken war damals so superknochig wie eine Marimba, sie schien einfach keinen Appetit zu haben.

Es war ein geheimnisvoller Ort. Es gab dort zwei Swimmingpools, einer war abgelassen hinter dem Haus und voller Schutt und leeren UPS-Express-Päckchen. Am anderen Pool dagegen war alles voller Leben. Man traf dort auf eine Menge Bürstenschnittblondinen und Leute wie Greg Kinnear, Spike Jonze oder Perry Farrell von Jane's Addiction, die warme Gin-Tonics tranken und über die hohen Steuern herzogen, die sie bezahlen mussten. Einmal beobachtete ich dort ein Heidi-Girl, wie es zehn Minuten brauchte, um sich ein Stück Schweizer Käse abzuschneiden. Ihre Haut war prächtig braun, aber mit Beulen und Schrammen bedeckt. Sie waren meist gut drauf, die Heidi-Girls, und es wurde viel geschwatzt. Zum Beispiel über die Größe der Körperteile von Brad Pitt. Heidis Freundinnen schluckten eine Menge Vicodin, und sie legten immer wieder die gleiche Velvet-Underground-Schallplatte aus der Ära Nico auf.

Wenn man so einen Abend erlebt hatte, konnte man sich gut in die Vorstellung hineinbluffen, wie die nächsten hundert Partys ablaufen würden.

Mit meinen Gästen aus München ging ich also lieber in die Bar Chez Jay, und wir setzten uns in eine der hintersten Ecken, genau dorthin, wo ein Bild von Jay Fiondella und von Alan Shepard hing, dem ersten Astronauten im Weltraum, der hier seinen letzten Drink vor der großen Reise ins All eingenommen haben soll.

Ich erinnere mich nicht mehr genau, worüber wir geredet haben. Wahrscheinlich über Filme, vielleicht auch bloß über Einsamkeit. Vielleicht habe ich von Ed Woods Kitsch-Horror-Musical *Orgy of the Dead* erzählt, das teilweise bei Chez Jay gedreht wurde. Oder von Robert Altmans *Short Cuts*. Oder auch von *Nashville*, der mir gefiel, weil man da spürte, wie sehr Altman Country Music hasst, und wie inspirierend so ein Hass manchmal sein kann.

Vielleicht habe ich aber auch bloß seine Freundin angeschaut. Wie gut es tat, deutsche Frauen anzuschauen, die im Gegensatz zu den Frauen von Los Angeles immer emanzipiert, gebildet und sensibel auf mich wirkten. Und vielleicht habe ich Claudius dann erzählt, dass ich seit dreizehn Jahren in Koreatown in die gleiche Bar gehen würde und längst aufgehört hätte, angesagte Orte aufzusuchen. Claudius klimperte dann vielleicht ein bisschen gelangweilt mit den Eiswürfeln in seinem Glas, als wäre er in einer Themenkonferenz in München oder Berlin und wolle mal rasch alles zusammenfassen. Aber Eismaschinen gab es in deutschen Zeitungsredaktionen gar nicht. Soviel wusste sogar ich.

Ich erzählte ihm von der Bar Frank'n Hank's, von jenem anderen Los Angeles, und Claudius hörte mir vielleicht nur halb zu, studierte mein Gesicht, meine Stirn, meine Gestik und versuchte herauszufinden, was an mir echt sein könnte und was falsch.

Das Frank'n Hank's war jener Ort, wo mir die Barfrau seit vielen Jahren ungefragt den immergleichen Drink hinstellte, sobald ich auf dem Barhocker saß. Ein gutes Gefühl. Und wenn zum Beispiel Andrian Kreye oder der Schweizer Donald Schneider, der frühere Art Director von Tempo und der französischen Vogue, in der Stadt weilten, habe ich mich immer in dieser Absteige für alte Trinker verabredet und mich sogar dafür entschuldigt, dass ich meine Gäste hier in der Traumfabrik an einen so blassen Ort führte. Wo man niemals zufällig auf Berühmtheiten stieß wie anderswo in der Stadt, sondern seine Zeit ganz einfach bloß einer Sache widmete: dem Trinken.

Es gibt in einer überbelichteten Stadt nichts Erholsameres, als das Dunkle, Schäbige und Unscheinbare aufzusuchen, und es ist sehr viel besser, wenn man wie ich aus einer jener innerstädtischen Enklaven kommt, die in den Reiseführern nicht einmal erwähnt werden. Wie Blutnetze eines Phantomplaneten erstrecken sich Straßen und Vorstädte, rechtwinklig, sternengleich, funkelnd, endlos reproduzierbar. Das künstliche Licht in der totalen Dunkelheit macht diese Stadt manchmal so wunderschön, so intim und warm. Mit Nina habe ich schon viele Stunden vor heruntergekommenen Hochhäusern verbracht, auf riesigen Parkplätzen, wo einst Häuser mit echten Menschen standen oder legendäre Szenen von legendären Streifen gedreht worden waren; vor leeren Straßenzügen, Autobahnzubringern, Industrielandschaften, an schrecklich schönen Orten mit Namen wie Maywood, Commerce, Vernon, Bell Gardens, Montebello, Lynwood, Bellflower oder Compton. Dort konnte man das Innere der glühenden, geometrischen Unendlichkeit entdecken, die Pathologie der Moderne, die zerstörte Sehnsucht, die bedrückende Idylle von Hollywood. An solchen Orten, darunter auch Koreatown, hat Michael Mann *Heat* gedreht, einen der besten Anti-Los Angeles-Filme.

Vielleicht redete ich mit Claudius sogar über *Heat*, der damals gerade in die Kinos kam. Und irgendwann begann ich wild zu spekulieren: dass bei Superstars wie Tom Cruise oder früher Marlon Brando der Narzissmus erst richtig interessant geworden sei, nachdem dieser sich in Selbstzerstörung verwandelt hätte. Und natürlich sei Cruise viel zu clever, als dass er diese Selbstzerstörung woanders zulassen würde als auf der Leinwand. Aus meinen Spekulationen wurden an diesem Abend irgendwann seltsame Phantasien. Ich sah, wie eine schöne große Panavision-Kamera langsam näher an ein Taxi heranglitt. Ja, dort, im Fond des Wagens, der einem Isolationspanzer glich, saß Tom Cruise. Doch etwas stimmte nicht. Der Superstar hatte graue Haare. Und in seinem Schädel liefen rasende Gehirnfilme ab, Bombardements aus Rückblenden: riesige Kumuluswolken explodierten. Passanten segelten, wie an Schnüren gezogen, über die Straße. Überall gingen Alarmanlagen los. Dann trat Stille ein.

War mir die Verbindung zur realen Welt abhanden gekommen?

Der Begriff *Betrug* ist jedenfalls nicht vor meinem inneren Auge aufgetaucht. Vielleicht, weil ich irgendwann nicht mehr nachgedacht habe, einfach mit dem Flow ging:

die Anrufe kommen rein, die Texte gehen raus, man gleitet durch die Stadtwüste, schaut in den Lichtkörper, und dies alles gibt einem wahnsinnig viel Kraft.

Auf diesen geistigen Zustand wollte ich in *Good Morning Los Angeles* verweisen. Ein Zustand, der jeden Journalisten heimsuchen kann. Ich legte offen, dass ich es mit der Wirklichkeit nicht mehr so genau nehmen konnte und beschrieb mein Selbstverständnis als Reporter und meine Sicht der Massenmedien. War es meine Idee, die Star-Interviews, wie der Medienwissenschaftler Dr. Holger Schulze schrieb, als »Single-Auskopplungen eines Konzept-Albums erscheinen zu lassen? Kleine Beiboote, Sonden, die Kummer vom Kreuzfahrtschiff dieses Romans aus losgeschickt hatte in die unendlichen Weiten der Medienwirklichkeit?«

Vielleicht hat Tom Kummer immer schon davon geträumt, schrieb ein Medienprofessor in der FAZ, dass sexy Trashheldinnen wie Pamela Anderson oder Ivana Trump oder Hollywood-Götter wie Brad Pitt oder Johnny Depp aus den Tiefen der Klatschspalten der Boulevardblätter aufsteigen und ein bisschen holpernd, aber doch sexy, die wunderbarsten Weisheiten über Neuen Feminismus, Neue Verantwortung gegenüber der Erde, den Menschen, neue Liebe, neue Bescheidenheit auf dem Weg zum Glück, die Zukunft des Körpers, also Elementarteilchen von Weisheiten liefern.

Ja, vielleicht habe ich wirklich von einer besseren, aufregenderen und vernünftigeren Welt geträumt. Kann sein. Und es dabei natürlich auch sehr genossen, wenn ich Fragen und Antworten wie diese zwischen mir und Sean Penn im April 1996 entwerfen konnte:

»Wie würden Sie denn das Dilemma ihrer Sorte von Männlichkeit definieren«, frage ich Penn zum Abschluss eines Interviews, das im Zeit-Magazin erschien.

Und da alle meine Interviews gespickt waren mit SOS-Meldungen wie dieser, wie die Flaschenpost eines auf einer verdammten pazifischen Insel Gestrandeten, kann es auch nicht verwundern, dass Penn auf eine solche Monumentalfrage antwortet:

»Dass das Verdrängte mich immer wieder verfolgen wird. Das ist das Dilemma. Und dass die Sprache des Herzens die Sprache der Liebe ist. Aber mein Herz versteht niemand.«

Und so kam es dann noch besser, zum Abschluss kam der goldene Schuss: meine letzte Arbeit für das SZ-Magazin: Ivana Trump, ein konzeptjournalistischer Wurf wie aus einem Warhol-Buch, in der Aufmachung eines inszenierten Suhrkamp-Coverdesigns, landete auf der Titelseite des SZ-Magazins. Der Text, in dem ich für das SZ-Magazin vorgeblich die Philosophie der Ivana Trump nach einem Interview aufzeichnete, war vielleicht das Meisterstück, wie Dr. Schulze meinte: »In einem 14-teiligen Thesenkatalog mit jeweils 1–5 Unterpunkten versuchte er erst garnicht, einen interviewhaften Wortwechsel zu simulieren, sondern präsentiert gleich Listen eines typisch populären amerikanischen Konsum-Pragmatismus. Angereichert um Aussagen aus der *Philosophy of Andy Warhol*, des aus europäischer Sicht bedeutendsten Ahnen dieser Philosophie, bietet er uns eine vielleicht perfide, unterhaltsamere Episode der Persona Ivana Trump – mit Zwischenüberschriften, die kaum ein amerikanischer Universitäts-Philosoph in dieser Gedrängtheit verwenden würde.« Das war natürlich der Spaß an der Sache:

DAS WERDEN, DAS SEIN UND DAS NICHTS
ZUM REALITÄTSGEHALT VON HABEN UND SOLLEN
FORM/STRUKTUR/SUBSTANZ
DIE ENTGRENZUNG DES ES
ÜBER DIE PRAGMATIK DES HEDONISMUS
RELEVANTE EINHEITEN (TRUMP PASSIM)

Anfangs hielt ich mich vielleicht bloß für den Beobachter eines Spektakels. Des Medienspektakels.

War ich inzwischen nicht längst zum Mittäter geworden?

Klar.

Meine Freunde und Förderer, meine Tempo-Kollegen und jene Chefs, die sich jahrelang um meinen Stoff gerissen hatten – würden die mich bald zum Haupttäter, zum Kriminellen, zum Verräter in diesem Spektakel erklären?

Diese Gefahr bestand.

Sie zeichnete sich sogar eindeutig am Horizont ab. Ein dunkles rotes Leuchten war jetzt zu erkennen. Ein Feuer. Ein Flächenbrand.

Einfach die Wahrheit

Donnerstag, 25. Mai 2000.

Abenddämmerung. Unser Wagen steht im Halteverbot vor dem Internationalen Terminal des Flughafens LAX. Ein Polizeiwagen steht blinkend hinter uns. Es bleibt keine Zeit. Ich küsse Nina, ich küsse die Kinder. Ich werfe die Wagentür zu und winke. Ich winke im Rückwärtslauf, es kommt mir vor wie ein letztes Winken, kurz bevor alles zu Ende sein wird.

Dann drehe ich meiner Familie den Rücken zu. Ich schultere meinen Armeerucksack und die Computertasche und renne in die Abfertigungshalle des Tom Bradley Terminals. Und weil ich befürchte, den Flug zu verpassen, krache ich vor dem Lufthansa-Schalter fast in einen dieser neuartigen Bordkarten- und Passkontrollwagen, die zur Sicherheit aller Passagiere aufgestellt sind. Vor mir am Business-Class-Schalter steht jetzt eine junge platinblonde Frau, die mich an eine Art junge Annie Lennox erinnert und sich furchtbar darüber ärgert, dass sie statt in der ersten, bloß in der Business-Klasse sitzen soll. Irgendein Fehler irgendeines Booking-Agenten. Die junge Frau trägt eine Hermès-Schultertasche, aus der ein

Buch von Guy Debord hervorschaut, zusammen mit zwei braunen Umschlägen, wie ich sie von Drehbüchern kenne, die man in solchen Umschlägen in Hollywood auf die große Reise ins Nichts schickt.

Der Check-In läuft bestens. »Guten Flug, Herr Kummer«, wünscht mir eine gemütliche, vertrauensvolle, schwäbisch klingende Stimme.

Ich muss es jetzt bloß noch zum News-Stand schaffen, weil ich ein fast schon verzweifeltes Bedürfnis nach *Entertainment Weekly* oder *Variety* habe. Vielleicht einfach, um eine Kurzmeldung über meinen Fall zu lesen. Um besser einzuschätzen, welche Entwicklung das Leben nach den vergangenen Tagen nehmen könnte, jetzt, wo alles zusammenzustürzen droht. Mitarbeiter von New York Times und Los Angeles Times haben bei mir zu Hause angerufen, mit der Bitte um ein *Statement zu den gefälschten Interviews.* Wie die zu meiner Nummer gekommen sind, weiß ich nicht. Das progressive Stadtmagazin L.A. Weekly will eine Coverstory in der nächsten Ausgabe, ein Reporter wartete bereits vor dem Hauseingang und hat unseren Apartment-Manager gelöchert. Auf meinem Anrufbeantworter hat sich ein Herr Marchel von der Swiss Press gemeldet. Claudius Seidl rief an, Leute von der Süddeutschen Zeitung. Die Redaktion der Beckmann-Show, Kerner und der Schweizer Talkshowmaster Äschbacher haben Nachrichten hinterlassen. Im Hollywood Reporter soll sogar ein Bild von mir abgedruckt sein, behauptete mein Freund Clark in New York. Eines dieser wüsten

Pressebilder, auf denen ich aussehe, als würde ich einer Selbstmord-Sekte angehören.

Ich setze jetzt den Kopfhörer meines Walkman auf und reguliere die Lautstärke, während ich das Gerät mit einem Clip an meinen Gürtel hänge. Es läuft etwas von *Casino versus Japan* als Endlosschleife. Dann renne ich los zur Gepäckkontrolle, dann über eine endlose Rolltreppe zum Gate. Ich denke an Nina und Henry und daran, wie sich unser Leben jetzt ändern wird. Jeder andere Mensch in dieser Situation würde vielleicht zu Hause bei Frau und Kindern bleiben, sich einen Publicityhai oder Spindoktor anheuern und die Sache professionell regeln. Ich aber bin der Typ, der nie das Offenkundige tun kann, sondern immer, fast verzweifelt, zum Außenseiter mutiert – ein Krieger ohne Armee, der jetzt noch ein Feuer legen oder löschen muss.

Die Zweifel, dass diese Reise nach Deutschland richtig ist, zerstreuen sich. Ich fliege jetzt einfach direkt in die Höhle des Löwen, und ich werde mich nicht vor unangenehmen Konsequenzen drücken. Eine mir angeborene Charakterstärke, so denke ich, die mich retten könnte.

Punkt 18 Uhr 7, Pacific Time, hebt die Boing 747 der Lufthansa von der Startpiste 2 Richtung Westen ab. Sie gleitet wunderschön hinaus über den pazifischen Ozean, ehe ich, vielleicht hundert Meter über dem sandigen Streifen von Dockweiler Beach, in der Dämmerung Fans von Großraumflugzeugen mit Feldstechern entdecke, und dann, für einen kurzen Augenblick, wie verabredet, Nina auf der Kühlerhaube des Jeeps und Henry auf seinem Dreirad. Nina schaut weg, Henry winkt mit einer Seeräuberfahne zur Maschine hoch.

In einer engen Linkskurve überfliegen wir jetzt die Santa Monica Bay Richtung Long Beach, dann wird es ostwärts weitergehen Richtung Utah, Ostküste, Grönland, Europa, und unter mir kann ich jetzt nochmals den Lichtkörper L.A. in seiner Vollendung erkennen, wie alles in der einsetzenden Dämmerung wie ein gewaltiger Brandherd aussieht, glühend wie aus einer Höllenvision von Hieronymus Bosch.

Ich atme tief durch. Ich bäume mich ein bisschen auf und blicke über die Köpfe und Körper, die jetzt um mich herum in ihren Sesseln kleben. Mein Körper funktioniert noch. Ich wage es erstmals, meine Nachbarin ein bisschen genauer zu betrachten. Wir haben uns beim Platznehmen kurz angenickt, einfach so wie zwei Leute, die wissen, dass sie gerne für die nächsten zwölf Stunden in Ruhe gelassen werden möchten. Was soll das? Die Nähe des anderen gestattet doch erst, dass man wieder bei sich ist. Mein Körper braucht ein Energiefeld.

Ich habe etwas unglaublich Attraktives gesehen im Gesicht der jungen Frau, aber mich nicht getraut, genauer hinzuschauen. Es ist die Frau vom Lufthansa-Schalter, bloß irgendwie blasser als vorhin. Überwältigende Wangenknochen, das kann ich jetzt aus den Augenwinkeln erkennen, derart blaue Augen, dass man meint, sie trüge gefärbte Kontaktlinsen, schicke braune Slacks spannen sich über den Beinen, die jetzt muskulöser wirken, und die Brüste unter einem schlichten Velours-Top sind definitiv keine Implantate.

Irgendwann schaut mich die junge Frau an und fragt mich, wohin die Reise gehe. Einfach so, um vielleicht Spannung abzubauen, und damit sie mich dann wieder mit gutem Gewissen mir selbst überlassen kann. Ich sei auf dem Weg nach Heidelberg, sage ich. Sie lächelt mich an. Den Ort kenne sie. Hübsches Schloss. Dann stellt sie sich vor: Ich heiße Sofia.

My name is Tom.

Ich frage nicht, wohin sie fliegt, sondern schaue, während ich unregelmäßig atme, die Stewardess an, die gerade ein Glas Champagner vor mir abstellt.

Ich gehe noch einmal alles durch: Ich sitze also in der Business-Class, Reihe 16, neben einer jungen Frau namens Sofia, mit kurz geschorenem platinblondem Haar, eine Mischung aus Annie Lennox und Nina anno 1984.

Sofia hat jetzt dieses typische Drehbuch-Ringheft aus ihrer Tasche gezogen. Was steckt sonst noch in dieser Hermès-Tasche? Schlangen? Kreuzspinnen?

Als sie merkt, dass ich auf ihre Lektüre starre, schaut sie mich an, und fragt, ob ich in Deutschland Ferien mache.

Nein. Kleine Geschäftsreise. Mutter in der Schweiz besuchen. Einfach mal wieder Europa anschauen.

Ich lege meinen Kopf zurück. Ich habe ein bisschen Angst vor der Vorstellung, den wahren Grund für meine Reise zu erzählen. Andererseits täte es mir vielleicht gut, wenn ich einer Fremden erzählen könnte, was mit mir passiert ist und wieso diese kleine Reise nach Heidelberg womöglich unter einem besonders schlechten Stern steht.

Das Deutsch-Amerikanische Institut in Heidelberg hat mich zu einem Vortrag eingeladen. Ich soll über die Zukunft des Körpers etwas Kluges berichten. Außer mir stehen Reinhold Messner, Doris Dörrie und Adolf Muschg auf dem Programm. Ausgerechnet in dieser fatalen Woche. Ich weiß auch nicht, ob mich die Leute des Instituts eingeladen haben, weil jemand anderes ausgefallen ist oder wegen meinem gerade bei Ullstein erschienenen Buch *Jackie!*, das sich mit den Folgen des Körper-, Beauty- und Schlankheitskults der Angelenos auseinandersetzt. Vielleicht haben sie es ja in Heidelberg bloß verpasst, mich wieder auszuladen. Jedenfalls haben sie mir dieses Flugticket wie versprochen hinterlegt und ich ließ mich gleich upgraden, weil ich noch Lufthansa-Meilen hatte.

Ich blicke durch das Fenster nach draußen. Der Westwind hat den Smog Südkaliforniens über den Pazifik ausgebreitet, dadurch ist der Sonnenuntergang jetzt von einer Art Superrealität durchsetzt, Farben wie Gold und Violett vermischt mit königlichem Dunkelblau. Es sind die bösen alten Los-Angeles-Bilder, die von einer Glut erzählen, und davon, dass immerzu irgendetwas Unmenschliches in den Menschen eindringen kann. Und vom postmodernen

Zauber eines medial vermittelten Bilderschatzes, der längst unserer eigenen *authentischen* Erfahrungen vorgeschaltet ist. Werden sie mich über solches Zeug in Heidelberg ausfragen? Oder werden Sie bloß fragen, ob die Interviews echt waren? Und ob die Monologe wirklich bloß von mir selbst gehandelt haben? Was ist echt an Ihrem fulminanten Charles-Bronson-Interview, Herr Kummer? Sagen Sie doch einfach die Wahrheit! Sagen sie es JETZT.

Das Bronson-Interview wurde in zwanzig Länder verkauft, das weiß ich noch. Die englische Agentur, die zur Syndizierung meiner Stories beauftragt war, konnte es kaum fassen. Das Interview erschien am 6. September 1997 im Magazin des Tagesanzeigers, später auch im SZ-Magazin unter dem Titel:

EIN MANN SIEHT GRÜN – WIESO CHARLES BRONSON AM LIEBSTEN MIT PFLANZEN SPRICHT.

Ich erinnere mich gut an Charly. Ich hatte speziell für Charly Bronson eine völlig neue Technik erfunden, um die Kunst des Themen-Interviews in andere Galaxien zu katapultieren. Es ist wirklich eine ganz einfache Kunst. Ich ziehe ein Buch aus meiner Bücherwand – zum Beispiel *Das Innenleben von exotischen Pflanzen* von Dieter T. Kucera. Das Buch werfe ich dann einfach vom Tisch der Träume an die gegenüberliegende Wohnzimmerwand, und ganz nach dem Zufallsprinzip soll es dann auf irgendeiner Seite landen. Diese magische Technik, die durch Zufall aufgeschlagene Seite für ein Interview zu nutzen, empfehle ich allen Hollywood-Reportern in Not. So wurde das Interview mit Charles Bronson um die Kraft der smarten Pflanzen herum aufgebaut. Und Bronson, der große Death-Wish-Action-Kinostar der siebziger Jahre, wurde dadurch zu einem Experten, der in den Pflanzen sein Seelenheil fand.

»Mister Bronson, was empfehlen Sie einem Mitmenschen mit Wahnvorstellungen?«

Bronson: »Ein gutes Mittel ist Brennesseltee. Oder die geduldsame Kommunikation mit einem Frauenschuh. Beides sind starke Mittel gegen die Paranoia.«

»Sie glauben also, dass sich mit dem Frauenschuh am eindringlichsten kommunizieren lässt?«

»Ja, sie verfügt über außergewöhnliche chemische Signale. Sie kann durch ganz bestimmte Düfte ganz bestimmte Insekten anziehen. Das ist ein aufregendes Phänomen, das ich immer und immer wieder im Garten beobachte. Wie der Frauenschuh zum Beispiel die Bienen geradezu betört. Es ist ein höchst kompliziertes Betrugsmanöver, ein Fall von verführerischen Düften, Sex und Betrug.«

»Und was fasziniert sie an der Sempervivum, das scheint ja Ihre Lieblingspflanze zu sein.«

Bronson antwortet nicht sofort. Er reibt sich zuerst die

feuchten Augen. Irgendwie scheint ihn das Nachdenken über die Sempervivum besonders zu berühren. Ich kann das gut verstehen. Ich gebe ihm Zeit. Ich dränge nicht. Nach zwanzig Sekunden des Nachdenkens sagt Charly Bronson: »Diese Pflanzen zehren meistens nur vom Mist, den sie selbst produzieren. Ist das nicht unglaublich?«

»Sie leben von ihrem eigenen Mist?«

»Ja, und das über Jahrhunderte.«

»Und diese Art der Selbsterhaltung fasziniert Sie heute?«

»Es ist die Genügsamkeit, die mich an Pflanzen beeindruckt. Ich habe lange genug versucht, die Menschen zu verstehen. Es ist mir nicht gelungen.«

Und wenn mich in Heidelberg jetzt einer der angereisten Journalisten fragt, wie es möglich sei, dass irgendein halbwegs gebildeter Chefredakteur so einen schönen Wahnsinn glauben könne – dann weiß ich auch keine Antwort. Und wenn alle in Heidelberg einfach gnadenlos versuchen, wie die Schweine in meine offenen Wunden zu pissen und nicht das Wunder an diesem historischen Spaß sehen, die Schönheit erkennen, soll ich dann aggressiv werden? Melancholisch? Konzentriert? Smart? Blöd? Krank? Vielleicht sogar mein Bowie-Messer ziehen? Mir vor den Leuten vielleicht mit dem Messer die Stirn aufschlitzen oder ein Ohr abschneiden? Oder bloß einfach alle Schuld auf mich nehmen? Ja, schuldig, Herr Richter.

Soll ich meinen Vortrag abbrechen und auf so Fragen

nach der Trickster-Philosophie und *ob ich mich vielleicht Leuten wie Aleister Crowley, Carlos Castaneda, Orson Welles verbunden fühle*, überhaupt antworten? Oder diese Fangfrage, diese perfiden cleveren Fragen der Feuilleton-Leute, ob dies etwa meinem Wirklichkeitsbegriff entspreche: *dass eine Wirklichkeit nichts anderes ist als eine Gruppe von Bewusstseinsinhalten, die in der Lage ist, einem Selbst die Empfindung zu vermitteln, in einer Welt zu sein?* Soll ich darauf antworten?

Oder wenn sie mich sogar zum Kleinkriminellen abstempeln?

Das wäre mir alles so furchtbar peinlich. Ich würde rot anlaufen. Vielleicht würde mir vor den Leuten sogar schlecht und ich müsste kotzen.

Und dann kämen höhnische Fragen wie: Herr Kummer, wie stabil sind denn Ihre *subjectiv realities?*, und alle würden lachen, oder was ist denn nun die *paramount reality*? Machen Sie einen Unterschied zwischen Außenwelt und Wirklichkeit? Sind Sie Schelm oder Fälscher? Arschloch oder Gott? Warum lügen Sie uns schon wieder an? Und dann würde ein Pop-Journalist aufstehen, ein Kollege vom Feuilleton vielleicht, und der würde gar nicht erst mit *Herr Kummer* anfangen, sondern so:

Tom, du hast uns hintergangen. Du musst das einfach verstehen, du hast uns alle verraten. Eine ganze Bewegung ehrlicher Journalisten. Wieso konntest du das Wahrheitsmonopol, das wir doch auch durchlöchern wollen, nicht auf ehrliche Weise brechen?

Wieso fragen die mich nicht besser, was der Unterschied zwischen Brad Pitt und Sean Penn ist, zwischen Spielberg und Lucas, Universal und Disney, Rainald Goetz und Rolf Dieter Brinkmann, Ernst Huberty und Harry Valérien, Bern und Zürich. Vielleicht kann ich denen auch erzählen, was der Unterschied zwischen Paul Thomas Anderson, Spike Jonze und Rainer Werner Fassbinder ist. Zwischen Uslar, Kracht und mir. Vanity Fair, SZ-Magazin und der TAZ. Ulf Poschardt, Markus Peichl und Leonardo DiCaprio. Gwyneth Paltrow, Angelina Jolie und Pipilotti Rist. Darauf kann ich bestimmt lustig antworten.

Genau, vielleicht sollte ich in Heidelberg einfach über das neue Kino von Hollywood reden. Die Macht der Publicity-Typen und Talentagenturen. Das nämlich gehört zu den unbestreitbaren Höhepunkten meines Lebens in Los Angeles, Begegnungen mit Superagenten wie Jim Wiatt oder Jeff Berg und Ed Limato, Richard Lovett, Bryan Lourd, Lee Gabler oder Nick Styne.

Das größte Glück in den neunziger Jahren in Hollywood war aber, neben Pamela, Courtney, Sean und Johnny, Zeuge der Operationen der Firma Miramax und der Brüder Harvey and Bob Weinstein zu sein. Wie überhaupt in den neunziger Jahren aus den *dirty pictures* des Independent-Films Ereignisse, Phänomene gemacht wurden, die sowohl eines Oscars würdig als auch kommerziell erfolgreich waren.

Soll ich in Heidelberg davon erzählen und damit von meinem Fall ablenken? Wo vorher klare Fronten waren zwischen Kunst und Kommerz, zwischen Studio und Independent, zwischen Fakt und Fiktion, Chefredaktionen und ihren Autoren, ist mit den Brüdern Weinstein von Miramax (und vielleicht sogar mit mir) eine neue Unschärfe eingetreten. Diese Unschärfe ist eindeutig. Peichl hat sie mit Tempo in den deutschen Journalismus eingeführt, und seine Autoren waren vielleicht vergleichbar mit dem *absonderlichen Film.*

Ich blicke hinaus in die Tiefe der Vorstädte von Los Angeles. Dann zu Sofia, die jetzt ebenfalls das schöne höllische Schauspiel unten auf der Erde betrachtet. Seit fünfzehn Minuten fliegen wir über eine endlos glühende Stadtwüste.

Soll ich vielleicht in Heidelberg ganz deutsch und selbstkritisch erscheinen und bloß davon erzählen, dass ich ein kriecherischer, feiger Lügner bin, der nicht den Mut hatte, sich den Konsequenzen seines eigenen Handelns in einer komplexen Welt zu stellen?

Wir werden jetzt mit kleinen Lachsbrötchen abgelenkt. Sofia legt ihr Drehbuch weg. Ich weiß nicht, wer zuerst die Funken sprühen lässt. Doch plötzlich fällt der Startschuss. Sie sagt, dass dort unten alles irgendwie nach Feuer aussehe. Das habe ich doch auch gerade gedacht.

Und so beginnt eines dieser merkwürdig konzentrierten Gespräche zwischen Europäer und Amerikanerin. Beide wollen irgendwie klug reden, sicher sein, verstanden zu werden, *deep* erscheinen. Und sich gegenseitig versichern, wie schön es doch ist, in der von amerikanischen Intellektuellen meistgehassten Stadt zu leben.

Wer ist diese Frau? Soll sie mich auf irgendwas vorbereiten? Wer hat sie hierher geschickt? Warum redet sie so? Redet sie überhaupt? Bin ich total paranoid geworden?

Ich sehe doch ihr Gesicht, das Medium aller Medien. Lippen, Nase, Augen, Stirn, Mund. Das Tolle an einem Gesicht ist ja, dass es eben nicht nur ein Gesicht ist, sondern auch immer die Idee davon.

Sofia kommt jetzt in unserem Gespräch zu folgendem versöhnlichen Schluss: Dass die neunziger Jahre mit all diesen L.A.-Klischees aufgeräumt hätten. Alles halb so schlimm heute. Los Angeles sei eine ruhige, nette, gemütliche Stadt geworden. Und dann lachen wir.

Kenne ich diese Frau?

Sie fragt mich jetzt, was genau ich arbeiten würde. Wovon ich lebe. Die Höllenfrage. Ich nehme einen Schluck Champagner.

Ich schreibe, sage ich, was der Stimmung nicht weiterhilft.

Was ich denn so schreiben würde.

Ich nehme noch einen Schluck. Und genehmige mir noch einen Bissen vom Lachsbrötchen.

Hätte ich erzählen sollen, dass ich bloß phantasiere, aber mit meiner Phantasie eine tiefere Wahrheit anzapfe? Das würde sogar sexy klingen.

Also sage ich zu Sofia: Ich schreibe Stories.

Sie merkt nicht, dass ich echt unfähig bin, über meine Arbeit zu reden.

What kind of stories?

They involve a kind of wasted beauty, sage ich. Ich sei aber damit nicht besonders erfolgreich. Und ich lache dazu ein schönes Lachen, das auch von einem Tennislehrer stammen könnte.

Und Sofia lächelt zurück.

Ladies and Gentlemen, you're now free to move around, sagt eine Lufthansa-Stewardess über Lautsprecher.

Wir wenden uns wieder unseren Videomonitoren zu, wir schweigen und ich denke bloß, was das Leben in L.A. auf masochistische Weise angenehm macht, ist die Empfänglichkeit für Halluzinationen.

Die Angelenos träumen von einem Leben, von dem sie annehmen, dass es hinter der nächsten Kreuzung beginnt. Oder hinter dem nächsten Hügel, oder noch weiter, ganz draußen am Rand der Stadt. Dort müsste es doch zu finden sein. Aber da fängt schon die Wüste an, da ist kein Leben mehr. Aber trotzdem bauen sie ihre Häuser dort hin und begrünen ihre Gärten, haben Kinder, gründen Schulen und Kirchen, mitten im Nichts. Und es ist alles bloß ein Traum. Die armen, verlorenen Europäer wissen es. Und leben längst ein Leben nach dem Traum.

Mein Leben nach dem Traum hat womöglich vor zehn Tagen begonnen. Sofia schließt ihre Augen. Ich lehne mich gegen das Fenster. Am 15. Mai 2000 hat ein Mensch des deutschen Nachrichtenmagazins Focus, dessen Namen ich noch nie gehört habe, Anschuldigungen gegen mich erhoben. Meine Interviews mit Schauspielern wie Brad Pitt, Kim Basinger, Courtney Love oder Sharon Stone seien *frei erfunden*. Seine Aussagen werden von Agenten oder Managern gestützt, die gewöhnlich keinen wirklichen Überblick über das große Kontingent der Auslandsjournalisten haben: wer wann wo und in welchen Gruppeninterviews gesessen hat.

Ich kann also nicht glauben, dass diese Story über meine gefälschten Interviews nur mir persönlich gilt. Verdächtigungen gab es ja schon vor Jahren. Gerade habe ich mich doch wieder zurückgemeldet mit essayistischen Reportagen in der ambitionierten Berlin-Redaktion der Frankfurter Allgemeinen Zeitung unter der Leitung von Florian Illies. Also gilt diese Attacke von Focus nicht nur mir, sondern auch meinen Chefs, denen, die meine Stories druckten. Eine Kriegserklärung gegen das andere Glaubenssystem.

Von Seiten der Leser empört sich niemand über meine Arbeit, vielleicht gehen sie auch gar nicht mehr davon aus, dass das, was Journalisten beschreiben, die Wirklichkeit ist. Was nicht das Dümmste wäre.

Das Essen wird serviert. Sofia trägt jetzt Kopfhörer, und sie hat im Videoprogramm den Film *Magnolia* von Paul Thomas Anderson ausgewählt.

Ich bestelle Menü C, Filet Mignot mit Morchelsauce. Ich lasse mir ein weiteres Glas Champagner servieren. Ich esse. Ich trinke. Ich schlucke eine gelbe Schlaftablette.

Dann lege ich meinen Kopf in Sofias Richtung und tue so, als ob ich schlafen würde. Ich hätte ihr erzählen sollen, dass ich nie schlafe. Dass ich noch nie geschlafen habe, dass ich nie träume. Ich beobachte jetzt Sofia, wie sie die Szene mit Tom Cruise betrachtet, der auf dem Sterbebett seines Vaters einen Weinkrampf erlebt. Dann schlafe ich ein.

Zehn Stunden später. Wir sind in Deutschland gelandet. Gleich werden wir aussteigen. Sofia lächelt mich ein letztes Mal an, sie winkt mit ihrem kleinen Finger. Es ist ein Signal, das mein Schicksal ist: *wasted beauty*.

Ich bin auf dem Weg zum Gepäckband, dann durch den Zoll und sofort zur letzten Eisenbahn, die mich von Frankfurt nach Heidelberg befördert, durch dunkle deutsche Landschaften, flach, dunkel, schwarz, helldunkel, wenig Licht oder Kontur am Horizont. Ich sehe eine Werbung der Deutschen Bank und eine der Dresdner Bank. Im Hotel werde ich erst gegen 3 Uhr früh eintreffen. Ein bisschen schlafen, dann gut duschen, frühstücken und nochmals meinen Vortrag durchgehen. Was würde mich am ersten Morgen in Deutschland erwarten: meine zweite Heimat – oder Feindesland? Würde erstmals mein Herkunftsland eine Rolle spielen, vielleicht sogar von angereisten Journalisten in die Waage geworfen werden? Das ist kein zu unterschätzender Faktor. Ich bin Schweizer. Die ganze Scheiße hat ein Schweizer angerichtet. Immerhin könnte man in München von einem Anschlag aus dem Ausland reden. Vielleicht spricht Herr Kämmerling längst von einem Spionagefall. Vielleicht würden sogar die deutsch-schweizerischen Beziehungen darunter leiden. Wohl kaum. Eher werden sie sich sagen, dass man mit einem Schweizer leicht fertig wird. Das hat sich vielleicht auch Peichl gesagt, der Österreicher. Der Klammer hat Russi geschlagen, okay, aber Zurbriggen hat dann in den achtziger Jahren alle Österreicher in die vereiste Piste gewalzt. Vielleicht ist ja alles bloß eine Rache gegen die Schweizer, die den Deutschen manchmal am Skilift in Wengen nachrufen: Dann haut doch ab ins Reich.

Meine Mutter hat mich davor gewarnt, nach Heidelberg zu reisen. Sie habe in der Berner Zeitung gelesen, dass mir hohe Schadenersatzforderungen drohen würden. Es seien schon Leute mit kleineren Vergehen an deutschen Grenzübergängen verhaftet worden.

Bleib, wo du bist, hat meine Mutter mir auf meinen Anrufbeantworter gesprochen.

Wie ist eigentlich mein verdammtes Verhältnis zur Schweiz?

Und wieso war es ausgerechnet ein ehemaliges Tennisass, ein Typ namens René Bortolani, mein erster Schweizer Chefredakteur, der mich vor zehn Jahren zum edlen Magazin des Tagesanzeigers geholt hatte? Was war das für ein Ding mit diesem Tennisspieler? Ein ehemaliger Sparringpartner aus meiner Jugendzeit, Michel Ringier, dominiert heute die Schweizerische Presseszene mit dieser Mischung aus Anspruch und seichter Unterhaltung.

Bei der Busfahrt nach Heidelberg versuche ich, mir dieses Netz aus Menschen und Kontakten vorzustellen, das alles zusammenhält: die Welt, Deutschland, die Schweiz. Es ist dunkel draußen, Schwärze dominiert, vereinzelte helle Punkte, das ist Heidelberg.

Was bedeutet Ihnen die Schweiz, Herr Kummer? So wird bestimmt eine der zu erwartenden Fragen lauten.

Sehr viel. Sie ist meine Heimat, und vielleicht werde ich auch mal wieder dort leben können.

Das ist alles? Was fällt ihnen sonst noch zur Schweiz ein?

Dass dort eine Diktatur des Imagebewusstseins die Gesellschaft durchzieht, wie sie drastischer weder in Deutschland noch in den USA zu finden ist. Schweizer vergleichen ihre Leistungen immer mit irgendwas Großem im Ausland. Immer. Sie sind völlig unfähig, sich selbst zu bewerten. Und nie müssen sie die Besten sein, es reicht völlig, wenn Zürich die aufregendste Kunstszene hat – vielleicht gleich nach London. Da muss immer ein ausländischer Vergleich her. Darum zählt heute ein Schweizer Künstler gar nichts, wenn er nicht im Ausland Erfolg hat. Die Weltwoche könnte zum Beispiel ohne Deutschland nicht existieren.

Wie denken Sie über das Image vom *bösen Schweizer*

in der deutschen Presse, wie diese Woche im Stern zu lesen war?

Meine Mutter wird noch ein bisschen mehr weinen, glaube ich. Und vielleicht sogar meine Herkunft verschweigen. So ist das bei uns. Wir verschweigen alles.

Blow Up

Es ist dunkel in Heidelberg. Die Straßen sind leer. Ich sehe keine Menschen, nichts bewegt sich. Ich *bin* die einzige Bewegung.

Ein Taxi fährt mich durch den toten Stadtkörper, über alte Brücken, vorbei an spätgotischen Kirchen und Madonnenstatuen, vorbei an Madonna im Sternenkranz, am Jesuskind mit dem Kreuz im Arm, vorbei an Muttergottes auf der Weltkugel, zu ihren Füßen die um die Kugel geringelte Schlange. Aber keine Menschen.

Alle müssen längst im Bett sein. Die Männer schlafen vielleicht und stellen sich im Traum Fragen: Ist Gott tot? Und was, wenn er nicht tot ist? Die Frauen liegen vielleicht wach daneben und trinken grünen Tee.

Es ist Samstagmorgen gegen 3 Uhr. Das Taxi hält vor dem Nassauer Hof. Ich läute.

Habe ich während des Flugs zu viele Schlaftabletten genommen? Sind das bloß die Nachwirkungen? Bin ich immer noch am Halluzinieren? Oder wird Herr K. gleich Amok laufen? Was ist das für ein Hotel, das seinen Gästen nicht öffnet?

Ich setze mich auf meine Armeetasche und muss an die

kleine Pension in meinem liebsten Bergdorf der Welt denken, in Mürren, wo wir an Weihnachten immer gewohnt haben, und wir saßen da abends am offenen Feuer, meine Mutter strickte mir Socken, und ich blätterte durch die Bücher, die von den Pensionsgästen liegen gelassen wurden und sich auf einem alten Nierentisch stapelten. Und da las ich diesen Satz, der irgendwie monumental einfach war. Es stand dort bei Friedrich Nietzsche geschrieben: *Gott ist tot.* Und ich wäre nie auf die Idee gekommen, meine Mutter zu fragen, was das genau bedeutete.

Das Hotel in Heidelberg heißt Nassauer Hof und liegt an einer Straße mit einem einfachen Namen: Plöck. Nach etwa zehn Minuten werde ich endlich von einem Nachtwächter hereingelassen. Ich bin müde. Und seltsamerweise glücklich, in Deutschland zu sein. Obwohl ich merke, dass ich seit meinem letzten Besuch vor vier Jahren etwas verloren habe. Und wenn ich diesen Verlust genauer bezeichnen könnte, würde ich vielleicht besser einschlafen, die Dinge wieder in den Griff kriegen, klarer sehen und mich selbst reparieren können. Vielleicht würde ich diese Reparatur noch vor meinem Auftritt um 14 Uhr im Haus der Kulturen hinbekommen.

Ich bin ein bisschen traurig, als ich meine Augen schließe. Auf meinem Walkman spiele ich noch diesen eiskalt melancholischen Song *My Sex* von Ultravox ab. Dann schlafe ich ein.

Als um sieben der Wecker klingelt und ich die Türe meines Hotelzimmers öffne, um nachzusehen, ob da vielleicht die Zeitung vor der Tür liegt – was gewöhnlich in amerikanischen Hotels zum Service gehört –, sehe ich eine schwarz verhüllte Gestalt über den Flur laufen, die sich später als eine der angereisten Journalistinnen herausstellt. Sie entfernt sich sehr rasch und verschwindet im Treppenhaus.

Ich verlasse den Nassauer Hof auf der Suche nach der Wochenendausgabe der SZ. Ich weiß nicht mehr, wer mich vorgewarnt hat. Ich laufe vom Hotel quer über die Straße Richtung Bergheimerstraße, um die Süddeutsche Zeitung, Jahrgang 2000, Nummer 122, zu holen. Da soll alles stehen, was man über Tom Kummer wissen muss.

Ich kaufe die Süddeutsche Zeitung bei einer hübschen Kioskfrau im Kaufhof, Typ Margit Carstensen 1972/73, als *Martha* oder *Petra von Kant*. Das freut mich.

Ich trage die Zeitung zurück ins Hotel, wie einen Schatz, wie eine Filmrolle mit verbotenen Bildern. Im Hotelzimmer breite ich sie aus, Seite 21 und 22: EIN MANN UND SEIN GANZ BESONDERER DRAHT lautet der Titel. Ganz unten, als Verantwortlicher Alexander Gorkow. Der Name klingt ein bisschen nach James Bond: LIEBESGRÜSSE AUS MÜNCHEN.

Ich schaue mir jetzt die schönen mächtigen Seiten der Süddeutschen Zeitung an, noch besser geht das mit einer

Lupe, die ich von meinem Vater geerbt habe und manchmal benutze. Ich fahre über das Geschriebene, das so viel schwieriger zu verarbeiten ist als die großformatigen Bilder. Die Süddeutsche ist eine schöne Zeitung. Ich mag das Papier (die einzige Zeitung, die sich noch besser anfühlt, ist die *Gazzetta dello Sport*; eingefärbte Zeitungen sind das Allerbeste, besonders in Rosa).

Langsam gleite ich mit der Lupe über die Seite 21. »Tom Kummer wollte für gute, smarte Unterhaltung sorgen«, steht dort.

Und weiter: »Wer Interviews fälscht oder wissentlich gefälschte Interviews druckt, liefert die Pressefreiheit als demokratische Idee dem Bankrott aus.«

Und: »Die SZ hat in jüngster Vergangenheit immer wieder über Verfehlungen von Regierungen und Parteien berichtet, die in Bayern wie auch in Bonn und Berlin zu erheblichen politischen Verwerfungen geführt haben. Die Süddeutsche Zeitung will deshalb, wenn es um ein ihr beigelegtes Magazin geht, dieselben Maßstäbe anlegen.«

Ich lege die Lupe beiseite. Auf den ersten Blick ist die Strategie schnell geklärt. Die SZ macht das, was auch ein Hollywood-Studio, ein in Verruf geratener Star, ein bayerischer Ministerpräsident machen würde, wenn das Image Schaden genommen hat: sich verteidigen, indem man angreift.

Ich wandere jetzt mit der Lupe über die nächste Seite. Da ist sogar ein Fax von mir abgedruckt. Und ein Brief von Ulf Poschardt. Ich drehe die Lupe über die letzten

Worte: »Mit freundlichen Grüßen, Ulf.« Auf meinem Fax dagegen heißt es realistischer: »MAY THE FORCE BE WITH ME!«

Dann verfalle ich plötzlich in konzentrierte, andächtige Stille, während ich die Lupe nochmals über die Seiten gleiten lasse. So vergrößere ich die Buchstaben, und ich weiß nicht, ob ich wirklich etwas richtig lese und verstehe. Doch die Vergrößerung der Wörter, die Grobkörnigkeit, das Aufgeblasene der Druckerschwärze, das gefällt mir.

FREMDE FEDERN steht an einer Stelle. Ich entdecke wunderschöne schwarzweiße Strukturen in der Detailvergrößerung. Genau so muss man eine Zeitung lesen. Als Blow Up. Und zwischen den Zeilen. Die Zeitung wird zum pointillistischen Helldunkel-Muster. Zu einem Bild aus groben Körnern.

> … SCHADET DEM ANSEHEN DER SÜDDEUTSCHEN ZEITUNG … GLAUBWÜRDIGKEIT … VERTRAUEN … PRESSEFREIHEIT

Ich nehme die Lupe näher ans Auge heran, die Morgensonne über Heidelberg fällt auf das Papier, so beginnt ein kleines Spiel mit Licht und Schatten. Ich gehe noch näher heran und vergrößere dabei das abgedruckte Titelbild des SZ-Magazins mit Sharon Stone. Vielleicht kann ich dort etwas Unheimliches entdecken. Aber ich sehe dann nur diese Sätze, die ich sehr gut kenne:

WER SIEGEN WILL, DARF NICHT LIEBEN. DIESES HEFT IST EINE SIEGEREHRUNG.

KEINE FRAU KANN SO SCHNELL EINEN REVOLVER AUS DEM BIKINI ZIEHEN WIE ICH.

WAHRHEIT WAR NICHT DIE FRAGE

Man kennt das: Die fotografische Vergrößerung (wie das Dokumentieren in eigener Sache) dient Zeitungen manchmal als Vehikel der Wahrheitsfindung, spricht doch die Grobkörnigkeit eines Bildes meist für seinen dokumentarischen Charakter. Das Vergrößern von Bildern – oder eine selbstkritische Dokumentation – dient aber längst nicht nur der Überprüfung der Realität, sondern öffnet gleichzeitig einen imaginären Raum. Wenn ich mit der Lupe über diese beiden Seiten fahre und die Worte und Sätze und strategische Behauptungen und Spekulationen der SZ-Leute betrachte, dann sehe ich eine Recherche, die ins Nichts führt. Ziele, die nach und nach verblassen, Personen, die wieder verschwinden. Ich sehe durch die Lupe einen Menschen, den Charakter Tom Kummer, der ein undefiniertes Verhältnis zu seiner Zeit hat.

Ich lege die Lupe weg. Ich sehe mich jetzt einfach auf zwei riesigen Seiten ausgebreitet und begreife langsam, dass ich dies nicht überleben werde. Ich lasse mich aufs Bett fallen, wie ein Körper, der mit Kugeln vollgepumpt wird. Soviel ist klar, diese SZ-Ausgabe wird mir ein Image verpassen, das nicht mehr rückgängig zu machen ist. Das neue Image wird die Realität immer in den Schatten stellen. Bei diesem Gedanken zucke ich ein bisschen, als würden mich weitere Kugeln treffen. Geschosse vom Kaliber .44 – deutlich tödlicher als .375-Magnum-Kugeln. Abgedrückt aus einer Entfernung von etwa sechs Metern. Und ich bin schon tot, ehe ich dann endgültig auf dem Hotelbett in Heidelberg zusammenbreche.

Vielleicht sollte ich jetzt einfach duschen. Mich ein bisschen zusammenreißen, mich auf meinen Vortrag vorbereiten, professionell werden, Zusammenhänge besser verstehen, falls man mich nach meinem Vortrag grillen will. Und das werden sie tun. Wie eine Bratwurst aus St. Gallen. Das können sie doch in diesem Land, Würste braten.

Die Dokumentation in eigener Sache hilft mir vielleicht, Angriffsflächen zu studieren. Zur Verteidigung. Einen Imageberater habe ich nicht. Ich muss das jetzt mit meiner eigenen Sprache durchstehen.

Und wie? Wie soll ich es sagen? Habe ich überhaupt eine eigene Sprache?

Ich muss daran denken, was mit meinem Akzent geschehen ist. Seit fünfzehn Jahren spreche ich mit meiner Frau Hochdeutsch, wie eben zwei Schweizer Hochdeutsch sprechen. Ein bisschen wie Kurt Felix, Paola, Emil oder dieser Botschafter in Berlin, Herr Bohrer. Dabei ist mein Berndeutsch wirklich voll intakt. Vielleicht klinge ich ja mehr wie Dürrenmatt oder Robert Walser? Oder vielleicht doch wie Chappi? Es scheint nur heute so sinnlos, Schweizerdeutsch zu sprechen, wo ich doch meine Texte auf Deutsch schreibe und meine geschlagenen Tennisbälle auf Englisch kommentiere. In den letzten sieben Jahren ist das Amerikanische dazugekommen. Und ich frage mich, wie das auf mein Vortragsdeutsch abfärben wird. Vielleicht klingt meine Sprache wie ein kurioses Kunst-Deutsch, das kann ganz nett sein, wie in einem meiner Lieblingsfilmen, *Katzelmacher*, da wird auch so ein kurioses Kunst-Bayerisch gesprochen, und das hat, glaube ich, zur relativen Popularität dieses Fassbinder-Films beigetragen. Entsprechend habe ich einen meiner Götter verewigt. Ich ließ Mike Tyson 1996 in meinem Interview Fassbinder-Sätze sagen:

»Eine Liebe und so, das hat immer mit Geld was zum Tun.«

Oder: »Die hat Geld. Und die wo Geld haben, die können alles.«

Oder: »Da, wo der herkommt, da gibt's Kommunisten.«

Oder: »Ein Kommunist ist das und gehört verboten.«

Im SZ-Magazin wurden diese Sätze gestrichen. Kein Wunder. Aber in der britischen GQ, da sind sie drin geblieben. Natürlich in der unverfänglicheren englischen Übersetzung.

Vielleicht muss ich jetzt einfach kämpfen, damit mich die Leute in Heidelberg besser verstehen. Alles geben. Einfach alles. Und auch nicht mehr halt machen vor meinen Kollegen. Ulf und Herr Kämmerling haben schließlich Anwälte gegen mich mobilisiert. Wieso reden sie jetzt von *verlotterter Moral*? Das ist doch unter dem Niveau von Ulf. Ich muss einfach vergessen, dass die noch irgendwie zu mir stehen werden. Es ist aus.

Mir fällt eine Meldung von letzter Woche ein, in der mein Kollege Claudius Seidl an meine Vernunft appellierte: »Bitte melde dich und liefere Bänder« – ansonsten seien mein Ruf und meine Karriere nicht mehr zu retten. Eine sehr nüchterne Botschaft.

Einige Tage zuvor wurde mir von Seiten der SZ mit schlimmen Konsequenzen gedroht, falls ich keine Bänder liefern würde. Rechtliche Schritte, Schadenersatzforderungen.

Die dünne Lebenslinie zwischen mir und meinen Bossen in München ist offenbar zerschnitten. Ich spüre, dass sich Ulf unter dem öffentlichen Druck von mir löst, dass er mich fallen lässt. Man kennt das aus U-Boot-Filmen: Wenn einer die verdammte Fluttüre abschließen muss, auch wenn da noch die Torpedoschützen irgendwo in den vorderen Sektoren festsitzen. Egal, es geht jetzt um das Heil der Truppe.

Hätte ich ihnen vielleicht die lächerlich kurzen und vollkommen unbedeutenden Gesprächsfetzen aus meinen Interview-Junkets oder 20-Minuten *One-on-Ones* mit Pamela,

Tom Hanks, Johnny Lyndon, John Trochman, Jack Lalenne, Tarantino, Johnny Depp, Phil Collins, Mike Tyson, David Hockney, John McEnroe und so weiter schicken sollen? Um *die Truppe* zu retten?

Jetzt fühle ich mich gerade noch Moritz verbunden, vielleicht noch Sugardaddy Markus Peichl (aber da täusche ich mich natürlich). Walter Mayer hat sich längst auf das Springer-Schiff abgesetzt; von dort würde es bestimmt keine Hilfe geben.

Ich traue fast niemandem mehr. Und ich bin kein Jason Bourne, der nach München einmarschiert, Ulf Poschardts Büro aus den Angeln hebt und vielleicht einige Redakteure vom Dach des Verlagshauses in die Tiefe stößt. Ich stehe vielleicht ein bisschen unter Schock und habe Angst.

Und darum habe ich mich bereits von Los Angeles aus an einen Anwalt, Dr. Gereon Windelen, gewandt. Er war mir als eine Art Abschiedsgeschenk von meinem Agenten Matthias Landwehr empfohlen worden, keine acht Stunden, nachdem die Focus-Story auf den Markt gekommen war. Auch Matthias Landwehr redete mir in einem Schreiben ins Gewissen und behauptete, ich hätte eine große Freundschaft hintergangen und das Vertrauen missbraucht. Und deswegen sei jetzt Schluss.

Dr. Windelen hatte mir ein Interview mit dem Spiegel empfohlen, um die Gefahr von Schadenersatzforderungen abzuwenden. Ich sollte einfach klar machen, dass meine Chefs alles gewusst hätten.

Soll ich hier in Heidelberg, im Frühjahr 2000, über solche Dinge sprechen? In einem Haus voller Journalisten, die den Fälscher entlarven wollen? Soll ich ihnen auf Berndeutsch meine Regeln zur Steigerung journalistischer Effektivität herauskotzen: »Sabotiere deine Vorsicht, indem du dich so nahe ans Feuer wagst, wie es nur geht.«

Oder weitere Sätze aus *Good Morning Los Angeles*:

»Ich fragte mich plötzlich, ob ich jemals ein ernsthafter Journalist werden könnte, ob ich mich nicht längst schon auf einer Ebene bewegte, die man schlichtweg als kriminell bezeichnen musste.«

Oder: »Für mich verschmolzen Wirklichkeit und Unwirklichkeit zu einem ziemlich gefährlichen Gemisch.«

Dass ich in meinem Buch einfach die Wahrheit aufgeschrieben habe, auf diesen verdammt naheliegenden Gedanken ist bis heute offenbar niemand gekommen.

Vielleicht habe ich aber auch wirklich etwas nicht begriffen, wie mir Markus Peichl einige Monate später weiß machen wollte. Er war auf Besuch in Los Angeles, und ich traf ihn damals in diesem wunderbaren Haus seiner sehr lieben Schwester in Malibu, auch ein bisschen aus Verzweiflung. Irgendjemand musste mir endlich erklären, was da genau geschehen war. In 48 Stunden hatte ich nämlich alle meine deutschen *Freunde* verloren.

Wie war das möglich? Vielleicht sieht Peichl das heute ein bisschen anders. Schließlich kannte er mich besser als alle anderen, er sah womöglich noch immer das Tier in mir, das man zu Recherchezwecken auch mal in einen Keller sperren konnte. Und den konnte man jetzt vielleicht auch wie ein Tier erledigen. Später erzählte er in der *Zeit* von unserem Gespräch in Malibu, der Schelm. Zum Beispiel, dass das Tier plötzlich weich geworden und zusammengebrochen war und gezeigt hätte, dass es von großen persönlichen Schwächen getrieben sei, denn es hätte da am Tisch mit seinem Entdecker und Förderer, mit diesem Traumblick über Malibu, plötzlich zu weinen begonnen.

Damals in Malibu, als der Schelm mit seinem süßen Grinsen vor mir mein verdammt trauriges Schicksal ausbreitete – und was ich dabei nicht alles zerschlagen hätte: Karrieren! Freundschaften! Und noch viel mehr! – da weinte ich, nicht weil ich ein *psychisches Problem* hatte, wie es Peichl genüsslich behauptete und mich damit in der Öffentlichkeit für krankenhausreif erklären wollte, sondern ich weinte einfach. Nicht mehr und nicht weniger. Und auch nicht sehr lang.

Natürlich ließ es mich nicht unberührt, dass ich nach Jahren zum ersten Mal wieder eine echte, richtig schlaue, schelmische, mit allen Wassern gewaschene Journalistenstimme hörte, die mir alle diese Verstrickungen und Bewegungen vom deutschen Printmedienschlachtfeld persönlich erklärte, von Angesicht zu Angesicht. Bis dahin war ja mein ganzes Verhältnis zur SZ fast virtuell abgelaufen, über Telefon und E-Mail. Jetzt saß mir mein kleiner Gott von Tempo gegenüber, und er empfahl mir, ganz ehrlich und feierlich, das Schreiben aufzugeben. Meine

Karriere sei hiermit beendet. Wenn es für mich noch eine Chance gäbe, teilte er mir hochoffiziell wie in einer ARD-Ratgeber-Sendung mit, dann vielleicht auf einem anderen Gebiet. Aber nie mehr als Autor im deutschsprachigen Raum. Das sei gelaufen. Jedenfalls wollte der alte Schelm, dass ich keinen Ärger mehr machte.

Fair enough!

Oder hat er damals vielleicht ein verstecktes Band laufen lassen, und irgendwann wird er es mir vorspielen? Mir vorspielen, wie das Tier weinen kann?

Als Moritz ein Jahr später in Los Angeles zu Besuch war, saßen wir im Jonathan Club an einem Tisch, gleich neben den Paddle-Tennis-Plätzen, und ich dachte, das ist schon nett, dass wir uns so jetzt wiedersehen und vielleicht alles klären können. Und da zieht Moritz plötzlich so ein kleines ultramodernes digitales Aufnahmegerät aus der Tasche und wollte mit mir plötzlich über *den Fall* reden, über *alles*. Und ständig musste ich mich fragen: Will der das jetzt wirklich aufnehmen? Mein guter alter Rocker Uslar, der will doch jetzt nicht ein Interview machen? In meinem Club, unter den Palmen, am rauschenden Meer, genau an der gleichen Stelle, wo vier Jahre später der angesehene deutsche Journalist Alexander Osang den schlimmsten Journalisten traf und ihm sagte: Weißt du Tom, für meine Story wäre es natürlich besser, wenn du nicht in diesem schönen Club arbeiten würdest, sondern vielleicht irgendwo in einem finsteren Mienenschacht in Pittsburgh. Derselbe Journalist, der im Mai 2000 der Berliner Zeitung einen Kommentar unter dem Titel *Reporter des Satans* geschrieben hatte:

»Im März 1996 hat der Schweizer Journalist Tom Kummer den amerikanischen Schauspieler Nicolas Cage gefragt: Kennen Sie eigentlich den Film *Der Händler der vier Jahreszeiten?* Da trinkt sich ein bayerischer Obstverkäufer namens Hans Epp systematisch zu Tode. Erstaunlicherweise kannte Cage den Fassbinder-Film. Das Gespräch fand in Los Angeles statt, und die Frage passte gut, weil Cage in *Leaving Las Vegas* einen Drehbuchschreiber spielt, der sich systematisch zu Tode trinkt (...). Allerdings ist es seit Montag nicht mehr hundertprozentig sicher, ob Nicholas Cage wirklich den Obstverkäufer namens Epp kennt. Es wurde vermeldet, dass sich Tom Kummer einige seiner Star-Interviews einfach ausgedacht hat. Viele wussten es schon viel länger, aber Focus hat es erst jetzt herausbekommen und schnell aufgeschrieben. Die Erschütterung in Journalistenkreisen ist groß, obwohl jeder, der den Film *Notting Hill* gesehen hat, wissen muss, dass man mit Superstars keine Interviews führen kann, in denen sie über Fassbinderfilme philosophieren. Superstars setzen sich in ein Hotelzimmer und empfangen viertelstundeweise Journalisten. Wenn man *bayerischer Obstverkäufer* gesagt hat, ist die Redezeit praktisch um. Völlig unwahrscheinlich ist also jener Dialog, der sich in Tom Kummers Interview mit Sharon Stone findet.

KUMMER: *Können wir mal eine Pause einlegen?*
STONE: *Wieso? Fürchten Sie sich?*
KUMMER: *Nein, ich möchte nur mal kurz nachdenken.*

So hätte Philippe Marlowe mit seinem Klienten geredet, aber kein Schweizer Journalist mit Sharon Stone auf dem Höhepunkt ihrer Karriere. Andererseits haben mich die Interviews von Kummer oft glücklich gemacht, und ich weiß nicht, wie ich mich jetzt verhalten soll. Sean Penn erzählt im Gespräch mit Kummer so viel gute Sachen über Amerika und die Langeweile, dass es mir egal ist, ob sie ausgedacht sind oder nicht. Eher steigt meine Achtung vor Kummer. In einem Interview mit John McEnroe lerne ich mehr übers Leben als in allen Leitartikeln, die Helmut Markwort je geschrieben hat. Außerdem bringe ich ein gewisses Verständnis für Kummers Recherchemethoden auf, seit ich hier lebe.«

Wieso genießen wir nicht einfach den Moment, sagte ich Moritz damals im Jonathan Club, so wie wir das früher gemacht haben. Alter Rocker, *come on*, entspann dich!

Was ich erst viel später erfuhr: Auch Moritz von Uslars Arbeitsmethoden wurden zu jener Zeit, im Frühling 2000, nach Authentizitätslöchern untersucht.

Und später wurde wiederum auch klar, dass eine größere Bewegung, unter Führung von Markus Peichl, den guten Moritz von Uslar natürlich unbedingt retten wollte – fair enough! –, da blieb vielleicht keine Kraft mehr übrig, mich, das wilde Tier, auch noch zu stützen. Es gibt Situationen, da muss eine ganze Branche einfach einen der Ihrigen über die Klinge springen lassen, so ein Opfer muss sein. Verstanden.

So war die Panik, die in jenen Tagen rund um den 15. Mai 2000 aus München an mich in Los Angeles herangetragen wurde, vielleicht verständlich.

»Könnten Sie bitte ein bisschen entspannen«, sagte ich irgendwann mal einem aufgeregten Anrufer aus der Redaktion der Süddeutschen Zeitung, der mich für die *große Dokumentation in eigener Sache* ausfragen wollte.

»Sie wissen nicht, was hier los ist, Herr Kummer. Es geht für viele Leute ums überleben.«

Was ich genau dachte am Tag, als Focus erschien und den Fall Kummer offiziell ins Rollen brachte und dabei meinem Namen einen neuen Beigeschmack schenkte, weiß ich nicht mehr. Ich glaube, ich verhielt mich wie ein Genießer, dem jemand erklärt, dass es jetzt Schluss ist mit dem guten Wein, dem guten Essen, den Joints, den guten Drogen. Er denkt zurück an die schönen Momente.

* * *

Der 27. Mai 2000 ist ein schöner Frühsommertag. Ich blicke jetzt aus dem Fenster meines Hotels in Heidelberg, sehe in der Ferne einen Waldweg, der an der anderen Seite des Hangs zum Schloss führt. Vielleicht ist das die Friedrich-Ebert-Anlage. Und dort hinten, das Schloss Heidelberg, was für eine Pracht ist das! Was für ein Land. Da will ich hin, bevor ich mich ins Haus der Kulturen in der Sophienstraße 12 wage. Vielleicht würde mich so ein Schlossbesuch ein bisschen entspannen. Auf den Showdown vorbereiten. Wo ich doch Ruinen liebe.

Dominierend steht sie achtzig Meter über dem Talgrund am Nordhang des Königstuhls. Soviel habe ich aus einer Broschüre erfahren. Um richtig zu wirken, muss eine Ruine den richtigen Standort haben, hat Mark Twain gesagt. Und diese Ruine liegt einfach perfekt.

Meine Lage ist ernst. Schließlich bin ich auf dem besten Weg, an diesem feierlichen Samstag, den 27. Mai, sowohl in der Süddeutschen Zeitung, Seite 21 und 22, als auch im Haus der Kulturen von Heidelberg ruiniert zu werden.

Der Weg zum Schloss, so wie ich ihn abmarschiere, führt durch Pappelbüsche. Die Sonne steht niedrig, funkelt zwischen Pappeln hindurch, färbt einige Gräser golden und wirft zerstreute Schatten. Die Wirkung der Schatten ist perfekt. Diese Ruine hier könnte nicht günstiger gelegen sein. Mark Twain hatte so Recht, als er in *Bummel durch Europa* schrieb:

»Sie steht auf einer die Umgebung beherrschenden Höhe, sie ist in grünen Wäldern verborgen, um sie herum gibt es keinen ebenen Grund, sondern im Gegenteil bewaldete Terrassen, man blickt durch glänzende Blätter in tiefe Klüfte und Abgründe hinab, wo Dämmer herrscht und die Sonne nicht eindringen kann. Die Natur versteht es, eine Ruine zu schmücken, um die beste Wirkung zu erzielen.«

Ich spüre ein Zucken am rechten Auge, im äußersten Winkel, etwas Zitterndes, das sich davonmachen will, während sich der Wald zu einer größeren Eichenlichtung hin öffnet. Eine japanische Touristengruppe vor mir hat sich gerade in kleinere Divisionen aufgeteilt, und sie steuern so zielgerichtet auf die Ruine zu, dass ich sofort Halt machen und mich zurückziehen muss. Da kann man nicht mitgehen. Lieber begebe ich mich jetzt auf eine Parkbank, auf der bereits eine ältere Heidelbergerin andächtig in ihrem Sonntagskleid sitzt.

Erst etwas später schaue ich mir die Frau auf der Bank genauer an. Sie gleicht Brigitte Mira, jener Brigitte Mira aus den Fassbinder-Filmen, obwohl ich auch die Brigitte Mira am Bulettenstand mag, überhaupt mag ich Deutsche, die Buletten braten, auch Männer, die Buletten braten. Einem dieser Bulettenbrater, dem Gerd Knospe vom Mehringdamm, hatte ich ja gerade eine Titelgeschichte in der Frankfurter Allgemeinen (Berliner Seiten), Ausgabe 102 vom 3. Mai 2000, gewidmet. Keine drei Wochen sind seither vergangen.

Jetzt sitze ich neben Brigitte Mira aus Heidelberg.

Sie sitzt da, mit einem Gesicht leer wie ein Blatt Papier. Und vielleicht sitzt sie schon eine lange, lange Zeit hier und starrt auf die deutsche Ruine.

Ich betrachte die Warzen auf ihrer Haut und überlege, was ich in meinem Vortrag über *Starkörper* sagen könnte. Über den deutschen Starkörper sollte ich auch etwas sagen. Und da kommt der deutsche Star Brigitte Mira gerade recht, denn sie ist dieser etwa sechzigjährige deutsche Frauenkörper, den ich Ende der siebziger Jahre im Kino kennengelernt habe und der in *Angst essen Seele auf* einen zwanzig Jahre jüngeren Marokkaner heiratet. Unmögliche Liebe ist das, und eine Liebe, die mich damals zum Weinen brachte. Und ich könnte dann im Vortrag ein bisschen wegdriften und erzählen, dass es nichts Zwingenderes für Journalisten geben sollte, als immer von den Randgruppen der Gesellschaft zu berichten, und dass es nichts Größeres gibt, als Menschen in Not und Hilflosigkeit zu beschreiben, mit ihren Hoffnungen, mit ihren Wünschen, auf ihrer Suche nach dem kleinen Glück, genau darüber gilt es zu schreiben, ohne Sentimentalität, aber präzise und mitfühlend. Und mit der Suche nach dem kleinen Glück sind auch wir gemeint: Brigitte Mira, du und ich, Courtney, Brad, Sofia, Gwyneth, Heidi.

Die Frau, die mich an Brigitte Mira erinnert und auf dieser Parkbank sitzt, sagt irgendwann *Guten Tag*. Ein schöner Tag sei das, und die Touristen seien ja mal wieder früh aufgestanden. Von wo ich denn herkäme? Ach, aus der Schweiz. Schweizer sehe sie hier nicht so oft. Was ich denn hier machen würde.

Bald einen Vortrag halten. Um genau zu sein: in fünf Stunden.

Schön. Schreiben, das habe sie auch mal versucht, sagt Brigitte Mira jetzt. Aber ihr Mann habe immer gesagt, dass man beim Schreiben Selbstverstümmelung betreibe. Ihr Mann hätte an der Uni gearbeitet, als Professor, und selbst viel geschrieben. Der wollte keine Frau, die auch noch schreibt. Für sie aber sei Schreiben das einzige Glück gewesen, sie sei manchmal mitten in der Nacht aufgestanden und hätte mit feuchten Achselhöhlen und klopfendem Herzen etwas völlig Neues geschrieben, etwas, das noch nie jemand so gesehen habe. Und es seien ihre glücklichsten Momente gewesen im Leben, diese kurzen, zerbrechlichen, ungeprüften Augenblicke der Heiterkeit, in denen man spüren würde: Ich bin ein Genie.

Brigitte Mira möchte mich jetzt kurz zu einem Rundgang einladen, dafür will sie aber fünfzig Mark, das stellt sie kurz und knapp fest, dabei hält sie mich sogar am Arm und statt zu erschrecken, antworte ich:

Okay, let's do it.

Wenn das ihre Trickster-Philosophie ist, mir auf so nette charmante Art Geld abzuknöpfen, dann Hut ab, gnädige Frau: Sie sind vielleicht das größte Genie, das ich an diesem Tag in Heidelberg erleben werde.

Brigitte Mira führt mich zum Ruprechtsbau. Sie wirkt jetzt aufgedreht. Wer weiß, vielleicht verdient sie als alternativer Tourguide zur Schlossruine ihren kompletten Lebensunterhalt.

Sie erzählt mir vom ältesten Gebäude des Heidelberger Schlosses, erbaut von Kurfürst Ruprecht III., der zu Beginn des 15. Jahrhunderts deutscher König war und um diese Zeit mit dem Bau der bis heute noch erhaltenen Teile des Heidelberger Schlosses begann.

Brigitte deutet mit ihrem Spazierstock auf ein Engelswappen über dem Portal. Es wird vermutet, dass es sich hierbei um das Abzeichen des Bauherrn handelt, der sich auf diese Weise für die Nachwelt verewigt hat.

Sie schaut mich jetzt an, mit einem Gesicht so erfüllt und leer wie das riesige Kleenex, das sie jetzt aus ihrer Tasche zieht und damit ihre Nase putzt.

Der Überlieferung nach handelt es sich bei den beiden Engeln auf dem Wappen um eine Darstellung der Kinder des Baumeisters, die bei den Bauarbeiten am Schloss von einem Gerüst stürzten und ums Leben kamen.

Brigitte Mira erzählt mir diese Legende folgendermaßen:

Zwei liebliche Zwillingsknaben waren die Freude des Baumeisters, der das Heidelberger Schloss gebaut hat. Um sie stets bei sich zu haben, hat er sie oft mitgenommen auf sein hohes Baugerüst und freute sich der schwindelfreien Jungen. Aber eines Tages tat der eine einen Fehltritt und riss den anderen mit in die Tiefe. Da ward der Meister schwermütig, also der Bau ins Stocken kam. Der Meister vernachlässigte seine Arbeit, weshalb sein Auftraggeber verärgert war.

Kaiser Ruprecht aber ward böse, dass der Bau so langsam fortschritt und ließ durch den Priester, der die Kinder beerdigt hat, den Meister vermahnen. Der sagte, es sei alles fertig, aber wie er den Ab-

schluss des Tores machen solle, falle ihm in seinem Gram nicht bei. Alsbald ward dem Meister offenbar, wie er den Abschluss des Tores zu bilden habe. Er meißelte seine lieben Knaben, wie sie ihm erschienen waren, als liebliche Engelskinder, die einen Rosenkranz tragen. In der Mitte des Kranzes setzte er den Zirkel, das Sinnbild seiner Kunst, von der er für immer Abschied nahm.

Was für eine Geschichte. Es sind Mythen und Legenden, die wir Menschen brauchen. Noch bleiben mir drei Stunden bis zu meinem Vortrag. Ich bedanke mich bei Frau Mira. Ich umarme sie, bezahle ihre Dienste und gebe ihr einen Kuss auf die Wange.

Das fahle Licht zwischen den Bäumen nimmt eine olivgrüne Färbung an, und ein letzter dünner Strahl fällt auf die Ruine. Die plötzliche Stille und der romantische Kitsch, den die Sonnenstrahlen verursachen, wird mir jetzt fast ein bisschen zu viel. Ich laufe zu einem Türken, der da mit einem Aldi-Beutel herumsteht und Fanta und Cola verkauft. Ich kaufe ihm eine Fanta ab. Ich muss jetzt sofort meine Gedanken ordnen. Einen letzten Schlachtplan aufbieten.

Zur Vorbereitung kleiner Schlachten lasse ich gerne Gesichter, Namen, Personen, Fakten, *history* vor mein inneres Auge gleiten. Ich bin gut in der Planung von Schlachten. Ob ich als Krieger vor deutschen Intellektuellen und Gästen im Haus der Kulturen bestehen kann, bezweifele ich jedoch. Ich sehe mich, achtzig Meter über Heidelberg, mit einer Ruine im Rücken, von Feinden umzingelt.

Ich gehe zurück ins Hotel. Noch bleiben mir zwei Stunden. Ich öffne meine kleine Materialkiste, die ich aus Los Angeles mitgenommen habe, damit ich sie später in Schnottwil bei Ninas Vater deponieren kann. Da ist vieles sicherer verstaut als in Koreatown. Man weiß ja nie. Vielleicht haben die aus München längst Agenten nach Koreatown entsandt. Ich finde eine kleine Stoffpuppe, sorgfältig in eine luftdichte Plastikhülle verpackt, ein Original von Mike Kelley, einem der Künstler, die ich 1995 für das SZ-Magazin portraitiert hatte. Ich entdecke auch eine Quittung mit dem Verkaufspreis, den ich seiner damaligen Galeristin für ein Gemälde bezahlt hatte, das längst in Schnottwil untergebracht ist: 8 000 Dollar hat mich dieses Gemälde mit Motiven aus Punk, Trash-Elementen, Cartoons, Folk-Art und Produkten der Teenage-Culture gekostet. Eine Summe im Wert von umgerechnet ziemlich genau 8 000 Dollar hat mir damals die britische GQ für ein Mike-Tyson-Interview überwiesen. Ich steckte das Honorar in dieses Gemälde, ein Tryptichon, dessen Wert bereits um das Zwanzigfache gestiegen ist.

Es tut verdammt gut in Heidelberg, an die Wertsteigerung der eigenen Kunstsammlung zu denken. Alternative Geldquellen würde ich ohnehin bald dringend benötigen.

Ich lege mich zurück auf die Matratze. Vielleicht wäre es jetzt Zeit für ein kurzes Nickerchen. Noch siebzig Minuten.

Aber ich kann nicht schlafen. Nur so dahin dämmern.

Die ersten Bilder, die aufsteigen, sehen aus wie eine lange, aus einem Hubschrauber gefilmte Einstellung, ein bisschen wie am Anfang von *The Shining.* Wir fahren in einem alten roten Ford LTD Cabrio durch die Berge von Santa Monica. Jetzt im Rückblick kommt es mir vor wie eine Traumsequenz. Es ist unsere letzte reale Begegnung, in Los Angeles, irgendwann Ende der neunziger Jahre. Man sieht uns friedlich und stumm im LTD sitzen, Ulfs Hemd flattert schön im Wind. Wir fahren Richtung Küste, entlang der Telefonmasten des Pacific Coast Highways und sich leicht im Wind biegender Palmen. Als wir ins Landesinnere abbiegen, gelangen wir auf ein staubiges Teilstück des Mulholland Drive. Dort, wo schon James Dean in den fünfziger Jahren die Möglichkeiten seines Porsches ausgelotet hat.

Wir schlängeln uns langsam eine Straße hoch, bis oben am Berg ein metallischer Space-Age-Kasten des Architekten John Lautner auftaucht, über dem in kleinen goldenen Lettern die Worte DEAD END schweben.

Was mag das bedeuten?

Wir reden nicht darüber. Auch nicht über die Landschaft. Nicht über das, was echt ist und falsch. Und auch nicht über uns. Wir sitzen einfach da und starren nach vorne und spüren den Fahrtwind.

Ulf setzt die Fahrt im LTD ein bisschen zu. Jedenfalls sieht es jetzt so aus. Vielleicht hat er mir bloß aus Höflichkeit gesagt, dass er meinen Wagen mag. Ich finde es einen schönen kleinen Ausflug, ich will ihm, dem Gast aus München, ein bisschen die Gegend zeigen, und ich mache an einer Tankstelle in der Nähe der Kanan Dume Road und dem Ventura Freeway noch ein Selbstauslöserbild.

Es ist jenes Bild, das immer noch auf dem Kühlschrank klebt, in unserem Apartment in Koreatown, ein seltsames Bild, das heute ein bisschen gespenstisch aussieht, so wie wir da beide gespielt lässig lächeln. In einem Essay zitiert Ulf einmal Heidegger, eine wunderbare Stelle, die ich nie vergessen werde: »Alles sieht so aus wie echt verstanden, ergriffen und gesprochen und ist es im Grunde doch nicht, oder es sieht nicht so aus und ist es im Grunde doch.«

Gegen 13 Uhr 30 laufe ich vom Hotel Nassauer Hof über die Sophienstraße, Richtung Deutsch-Amerikanisches Institut. Auf der anderen Straßenseite stellt mich ein Fernsehteam des Bayerischen Rundfunks. Denen lache ich einige sinnlose Antworten in die Kamera. Ich trage ein schwarzes Hemd, eine schwarze Hose, schwarze Schuhe, eine graue Kappe. Ich sehe aus wie der Anführer einer Selbstmord-Sekte.

Drinnen begegne ich dem Institutsleiter, der mir sofort einen Umschlag mit 4500 Mark in die Hand drückt. Dann marschiere ich ein, der Saal ist voll, vielleicht auch nur halb voll. Ich weiß es nicht mehr. Aber es sind eine Menge

Kameras da. Und einige Scheinwerfer. Daran kann ich mich erinnern. Es wird plötzlich still, ein stiller Schrecken. Ich werde vorgestellt.

Und dann beginne ich mit solidem Schweizer Akzent meinen Vortrag. An den Anfang kann ich mich noch erinnern, und an ein Blitzlicht, das mich im Gesicht trifft und von dem ich mich nicht mehr erhole. Ich schaue kurz und verschwitzt herab in die Gesichter der Leute, die irgendetwas höchst Dramatisches erwarten, zumindest irgendeine Art Peinlichkeit. Mein Körper wird ganz kalt. Auch ein bisschen steif. Vielleicht aus Angst.

Aber ich erfahre einen kurzen schönen, fast gespenstischen Augenblick der Klarheit. Ich presse mich gegen das Rednerpult, um die restlichen Schockwellen meiner Unsicherheit niederzuhalten. Sieht so die Selbstvernichtung aus? Ich muss noch einmal an meine Jungs in München denken.

Und um mich ein bisschen besser zu fühlen, fange ich an, ohne Erklärungen.

Epilog

Über Los Angeles türmen sich deformierte Wolken auf. Der Lufthansa-Jet schwebt über dem schönen Harbor-Freeway, zwölf Spuren vollgestellt mit Autos.

Ich spüre eine seltsame Freude beim Anblick der endlosen Blechlawine. Endlich wieder zu Hause. Der Himmel erhellt sich unnatürlich.

Als die Räder des Jumbo-Jets aufschlagen, wirkt die Welt durchs Flugzeugfenster glühend weiß, vom totalen Sonnenlicht ausgeleuchtet, keine Schatten, keine Konturen, keine Tiefe.

Ich spüre, nachdem ich den Sitzgurt geöffnet habe, wie ich mich von einer dünnen Schicht entledige. In diesem Augenblick fühle ich mich richtig gut. Und ich müsste mich eigentlich fragen, ob ich vorher krank gewesen bin.

Ist das Leben vielleicht eine Krankheit, habe ich Richard Ford damals in New Orleans gefragt, anno 1993.

Und er sagte: Wer weiß.

Das echte Leben bewegt sich jetzt ganz rasch auf mich zu. Es ist ein relativ stiller Nachmittag am John Bradley International Airport. Wie immer erleichtert und erwartungsvoll laufe ich über die für West-Coast-Emigranten legendäre Rampe, flankiert von einem überdimensionalen Bild, das den Joshua Tree National Park zeigt, direkt in die Arme von Fähnchen schwingenden koreanischen Familien, die in der Ankunftshalle ihre Angehörigen mit einer Euphorie empfangen, als hätten diese gerade den Pazifischen Ozean durchschwommen.

Nina hat sich nicht die Mühe gemacht. Gelassen sitzt sie im Jeep, der vor der Haupthalle im Halteverbot steht. Ein Fahrzeug der Flughafenpolizei steht gleich dahinter. Doch Nina lässt sich nicht aus der Ruhe bringen.

Ich winke jetzt. Niemand sieht mich. Ich winke nochmals. Nichts.

Wie ein heimkehrender Soldat, dem man keinen gebührenden Empfang geboten hat, reiße ich die Wagentür auf und werfe meinen Armeerucksack auf den Rücksitz.

Dabei übersehe ich zuerst, dass dort mein zweijähriger Sohn schläft. Und schon geht das Geschrei los. Nina lächelt mich etwas angestrengt an. Ich lächle zurück. Sie drückt mir zum Empfang eine Flasche Mineralwasser in die Hand. Das tut gut. Ich küsse sie auf die Wange. Das tut auch gut. Dann fährt sie los Richtung San Diego Freeway.

Henry sitzt in seinem Kindersitz und schwere Tränen rinnen über seine Wangen. Henry reibt sich die Augen. Er schaut mich konzentriert an. Und als er sieht, dass ich ihn beim Weinen beobachte und keine Geschenke für ihn bereithalte, bricht ein fürchterlicher Schub aus Schreien und Schluchzen aus ihm heraus.

Ich blicke schuldig zu Nina. Sie starrt geradeaus auf den langen La Cienega Boulevard, der Richtung Norden führt, und es geht weiter zur Stocker Avenue, vorbei an alten Ölfeldern, die einmal Howard Hughes gehört haben. Dann auf die La Brea Avenue.

Nina fährt jetzt sehr nahe an einen Lastwagen heran, auf dem in großen roten Buchstaben steht: FLAMABLE!

Nina fährt überhaupt gerne viel zu nahe an andere Wagen heran. Ich sage dazu meistens nichts. Es gibt nichts Überflüssigeres, als den Fahrstil seiner Allernächsten zu kommentieren.

Aber diesmal übertreibt es Nina. Ich sage ihr, sie solle Abstand halten.

Tut sie aber nicht.

Dort, auf diesem Riesenlastwagen steht FLAMABLE, sage ich. Dieser Lastwagen könnte in die Luft fliegen. Ob sie das nicht sehe.

Nina schaut nur kurz zu mir rüber. Es gibt doch nichts Blöderes als das Wort FLAMABLE auf einem Laster, sagt sie. Hält das irgendjemand davon ab, eine brennende Zigarette zu werfen? Und würde dieser Lastwagen dann tatsächlich in die Luft fliegen?

In solchen Momenten im Auto hilft es mir, wenn ich einfach den wunderschönen Blick von Nina studiere, ihre blaugrünen Augen, und dabei denke, dass sie die Verwirrung in der Welt des Scheins ziemlich kalt lässt und sie sich vielleicht nichts sehnlicher wünscht, als dass ich einfach glücklich werde.

Einfach glücklich.

Das ist alles.

Ich erinnere mich nur noch an wenige Einzelheiten meiner Rückkehr aus Deutschland.

Vielleicht habe ich mich damals entschlossen, die Vergangenheit zu verdrängen. Und nicht mehr darüber nachzudenken, wie ich in diese Situation geraten war. Weil ich erkannt hatte, dass ich meine Familie in Mitleidenschaft ziehen würde, wenn ich nicht sofort aufhören würde, bloß an mich zu denken. Niemand wollte meine Story aus Heidelberg hören. Dabei wäre ja noch die Frage zu klären gewesen: Wie gelingt jetzt ein Neuanfang? Schlägt das Herz noch gleich? Was bleibt am Ende noch zu sagen?

Nina und ich haben über die Jahre versucht, so wenig wie möglich über meinen Fall zu reden. Ich glaube, wir hatten beide das Gefühl, uns im Nebel zu bewegen. Vielleicht war ich auch ein wenig traumatisiert. Obwohl ich nicht genau wusste, wie sich ein Trauma eigentlich anfühlt. Noch konnten wir nicht durch den Nebel hindurchsehen, aber wenigstens hoffte ich, dass er sich nach einer Weile lichten würde. Dann würden wir wieder klarer sehen.

Doch nichts passierte. Manchmal redeten Nina und ich über längere Zeit überhaupt nicht mehr miteinander.

Bloß das Nötigste. Wir saßen oft gemeinsam im Jeep und starrten durch die Frontscheibe auf den Verkehr. Und so entstanden über die nächsten Jahre die immer gleichen Situationen, immer und immer wieder, ohne große Variationen.

Nina fuhr gewöhnlich rasant über irgendeine weite mehrspurige Avenue, sie liebt es noch heute, wie eine richtige Europäerin zu fahren. Auch nach über zehn Jahren Los Angeles hat sie noch nicht akzeptiert, dass man hier einfach den Wagen im Schritttempo gleiten lassen und Cruising als neue Lebensqualität verstehen kann. Nina muss immer nach dieser kleinen Lücke, dieser Öffnung, dieser winzigen Hoffnung im Stau suchen.

* * *

Mit hoher Geschwindigkeit gleitet jetzt der weiße Himmel auf den Pazifischen Ozean zu. Wir haben uns entschieden, einen Ausflug zu machen, um uns ein bisschen zu entspannen.

Lass uns zum Hollywood Forever Friedhof fahren und Videos von Toten anschauen, sage ich zu Henry und lache ihn an, damit er versteht, dass ich gerade versucht habe, einen kleinen makaberen Spaß zu machen.

Henry schaut mich zuerst ungläubig an. Dann jubelt er. Und Jack jubelt auch, obwohl er nicht genau weiß, wieso.

Als ich selbst noch ein Kind war, schleppte man mich oft an das Grab meines Vaters im Bremgarten Friedhof, meistens sonntags, meistens war der Himmel grau. Da hoffte ich vielleicht, dass irgendjemand in ferner Zukunft soviel Vernunft aufbringen würde, mich einfach in eine Schlucht im Berner Oberland zu werfen, sollte ich jemals *wirklich* sterben. Friedhöfe waren für mich das Allerletzte. Wenn man tot ist, sperren die einen einfach ein, dachte ich. Und dann legen sie einem irgendeinen Blumenstrauß aufs Gesicht, obwohl sicher niemand mehr Blumen will, wenn er tot ist.

Auf dem Hollywood Forever Friedhof sieht man niemanden mit einem Grabstein reden. Hier sprechen die Toten. Sie sprechen dir per Videoaufzeichnung direkt ins Gesicht - oder vielleicht auch ins Herz. Zu Lebzeiten kann man hier Bilder von dreißig Minuten Länge auf Video bannen. Und wenn man tot ist, wird dieses Band in einem Abspielraum auf Wunsch der Besucher einfach per Knopfdruck abgespielt. Die Mitteilung an die Nachwelt ist auf einem Bildschirm zu sehen, der in einem hochpolierten Monolithen steckt, wie ihn *2001 - A Space Odyssey*. Es gibt sogar ein blinkendes Licht über dem Monitor, ein kaltes rotes Auge, ein emotionsloser Blick des Apparats auf die Lebenden; stellvertretend für alle Toten, die irgendwo durch den Weltraum rasen.

Die Toten auf diesen Videobotschaften sehen alle wie Helden aus dem Kino aus. Wie Humphrey Bogart in *The*

Big Sleep oder James Dean in *Rebel Without a Cause*, wie Maria Schneider in *Der Letzte Tango in Paris* oder Catherine Deneuve in *Ekel*.

Es muss eine schwierige Entscheidung sein, was man auf sein letztes Video bannen will. Wie würde ich mein Leben auf einem solchen Mythosmonolithen präsentieren? So wie es war oder so wie ich es mir eingebildet habe? Welches Image würde ich der Nachwelt von mir vermitteln wollen?

Um uns zu entspannen, laufen wir eine Weile ziellos über diesen Friedhof, zwischen Grabsteinen berühmter Toter, die uns irgendwie beruhigen: Rudolph Valentino, Jane Mansfield, Bugsy Siegel, Peter Lorre, Tyron Power. Wir besuchen das Monument von Joey und Dee Dee Ramone, wo Fans auf Wolldecken im Kreis sitzen, Hot Dogs essen und Budweiser trinken.

Chronik

1993 Tom Kummer arbeitet in Los Angeles als Hollywood-Korrespondent für das SZ-Magazin und das Magazin des Zürcher Tagesanzeigers. Bis zum Jahr 2000 folgen weitere Interviews und Reportagen für Die Zeit, Der Spiegel, Neue Zürcher Zeitung, Frankfurter Allgemeine Sonntagszeitung, Stern, Elle u.v.a. Weitere Veröffentlichungen in Vogue, The Independent, Face, Libération, Per Lui, New York Times Magazine.

1996 Buchveröffentlichung: »Good Morning, Los Angeles. Die tägliche Jagd nach der Wirklichkeit«, dtv. Mit einem Nachwort von Claudius Seidl. Kummer bekennt sich darin offen zum Konzept-Journalismus.

1997 Buchveröffentlichung: »Gibt es etwas stärkeres als Verführung, Miss Stone?«, dtv. Mit einem Vorwort von Ulf Poschardt. Das Buch versammelt zahlreiche der später inkriminierten Star-Interviews und wird 2000 im Zuge des Skandals aus dem Programm genommen.

1999 Das SZ-Magazin beendet nach Zweifeln an der Echtheit an einem Christina-Ricci-Interview die Zusammenarbeit mit Kummer, ohne dies öffentlich zu machen. Auch der Tagesanzeiger erteilt keine weiteren Aufträge mehr.
Buchveröffentlichungen: »Jackie! Ein Body-Bildungsroman«, Ullstein; Vorwort für »Sharon Stone«, Schirmer und Mosel.

2000

15. Mai Das Magazin Focus veröffentlicht einen Artikel, in dem der Vorwurf erhoben wird, dass zahlreiche Interviews von Tom Kummer frei erfunden worden seien; Hauptbeleg sind Aussagen von Hollywood-Agenten, denen zufolge diese Interviews nie stattgefunden haben.

18. Mai Bericht in der Süddeutschen Zeitung, in dem Christian Kämmerling, Chefredakteur des SZ-Magazins, nach Gesprächen mit Hollywood-Agenten erklärt: »Wir haben vereinbart, über neue Sicherheitsstandards zu diskutieren, die solche Anschläge auf das Ethos des Journalismus verhindern.«

22. Mai Spiegel-Interview mit Kummer unter dem Titel »Implosion des Realen«: »Ich war der radikalste Vertreter des Borderline-Journalismus, und das war, glaube ich, jenen klar, die mich zum Markenzeichen ihrer Publikationen gemacht haben.«

26. Mai Stellungnahme im SZ-Magazin unter dem Titel »In eigener Sache«. Christian Kämmerling bedauert die Zusammenarbeit mit Tom Kummer und bezeichnet diesen als »offenbar kriminell«.

27. Mai Doppelseitige Dokumentation in eigener Sache in der Süddeutschen Zeitung unter dem Titel: »Ein Mann und sein ganz besonderer Draht.«
Kummer hält auf Einladung des Deutsch-Amerikanischen Instituts einen öffentlichen Vortrag in Heidelberg zum Thema »Starkörper«.

30. Mai Die Geschäftsführung des Süddeutschen Verlages und der SZ-Magazin Verlagsgesellschaft beendet die Vertragsverhältnisse mit Ulf Poschardt und Christian Kämmerling, »um die Süddeutsche Zeitung und das SZ-Magazin vor weiterem Schaden zu bewahren«.

2000/2001 Zahllose deutsche und internationale Zeitungsberichte über den Fall Kummer.

Der Verlag dankt Natalie Buchholz
für das umsichtige Korrektorat,
Nike Rasche für die gründliche Recherche,
Georg M. Oswald für die juristische Beratung und
Eckhart Nickel für den Verbindungsaufbau.

1. Auflage 2007

Coverdesign: Chrish Klose
Lektorat: Wolfgang Farkas
Co-Lektorat: Hendrik Rohlf
Typographie und Satz: Frese, München
Druck und Bindung: AALEXX, Großburgwedel
Printed in Germany
ISBN 978-3-936738-26-1

www.blumenbar.de